Steven Gerali

DESÓRDENES
ALIMENTICIOS

qué hacer cuando
LOS ADOLESCENTES
luchan con

Steven Gerali

DESÓRDENES ALIMENTICIOS

La misión de Editorial Vida es ser la compañía líder en satisfacer las necesidades de las personas con recursos cuyo contenido glorifique al Señor Jesucristo y promueva principios bíblicos.

¿QUÉ HACER CUANDO LOS ADOLESCENTES LUCHAN CON DESÓRDENES ALIMENTICIOS?
Edición en español publicada por
Editorial Vida – 2014
Miami, Florida

© 2014 por Steven Gerali

Este título también está disponible en formato electrónico.

Originally published in the USA under the title:
    What Do I Do When Teenagers Struggle with Eating Disorders?
Copyright © 2010 by Steven Gerali
Published by permission of Zondervan, Grand Rapids, Michigan 49530.

Traducción: *Carina Valerga*
Edición: *Virginia Himitian*
Diseño interior: *Luvagraphics*

ISBN: 978-0-8297-6482-6

CATEGORÍA: MINISTERIO CRISTIANO /Juventud

IMPRESO EN ESTADOS UNIDOS DE AMÉRICA
PRINTED IN THE UNITED STATES OF AMERICA

13 14 15 16 17 ❖ 6 5 4 3 2 1

Contenido

¡Primero lee esto!

Es muy importante que leas esta introducción. Este material surgió luego de años de conversar con líderes de jóvenes, tanto profesionales como voluntarios, que atravesaban por situaciones ministeriales difíciles. Por lo general, sé a lo que se refieren cuando la conversación comienza así: «¿Qué hacer cuando...?». La mayoría de las veces están buscando un tipo de ayuda correctiva, en vez de preventiva y eso sucede porque gran parte de estos problemas no se analizan seriamente hasta que resultan evidentes en el propio ministerio. Es allí cuando los líderes juveniles, el personal de la iglesia, los padres y aun los mismos adolescentes salen despavoridos a conseguir algún tipo de comprensión, remedio, apoyo o perspectiva bíblica sobre la situación y por eso escribí estas páginas.

Claro que leer este libro no te convertirá en un consejero experto ni en un profesional de la salud, pero te dará pautas urgentes en la prevención y ayuda que puedas dar. En muchos casos, deberás ayudar a los padres y a los adolescentes a vincularse con especialistas en salud mental, médicos y, hasta en algunas ocasiones, con consejeros legales. A menudo la calidad de la atención proporcionada en asuntos como estos reside en colaborar a que se establezca una rápida vinculación con profesionales calificados. Por lo tanto, si solo te queda grabada una cosa luego de leer estas páginas, que sea esta: Lo mejor que puedes hacer como un colaborador eficiente es darte cuenta de que no eres un profesional capacitado. Debes derivar, derivar y derivar.

Segundo es bueno que tengas en cuenta que cuando los líderes de jóvenes se encuentran frente a una situación especial, a menudo acceden rápidamente a Internet para obtener información y ayuda. El investigar en la red puede tomarnos mucho tiempo y proporcionarnos información poco fiable. Así que este libro ha sido diseñado para ofrecerle información confiable y de rápido acceso a cualquiera que esté trabajando con adolescentes.

Tercero, el libro proporciona un modelo para que puedas abordar el asunto en cuestión y en estas páginas encontrarás:

Sección 1: Comprender el «problema en cuestión».

El libro comienza con una epistemología del asunto; en otras palabras, brinda los conocimientos básicos en cuanto a su naturaleza y alcance. Muchos líderes juveniles forjan sus opiniones, creencias e ideas utilizando información errónea transmitida a través de rumores, sin darse cuenta de lo perjudicial que resulta. Esa información equivocada puede cambiar la trayectoria de nuestras acciones de tal modo que nos haga errar al blanco. Y en muchas ocasiones nuestras «equivocaciones» pueden resultar destructivas para un chico que ya está peleando contra una situación dolorosa. No es posible liderar a un adolescente a la verdad de las Escrituras si nos basamos en un fundamento construido sobre una mentira o engaño. Debemos estar informados, buscando comprender el problema en cuestión como aprendices, con un espíritu enseñable. En algunos casos estos libros pueden proveer solo los conocimientos básicos sobre un asunto. Esperamos que sea suficiente como para crear un fundamento sólido que proporcione dirección para investigaciones futuras en fuentes confiables.

Sección 2: Conocimientos básicos acerca del modo en que la teología aborda el tema.

El libro incluirá al menos una perspectiva teológica que trata sobre esta situación. Sin embargo, por favor ten en cuenta que mi intención es proporcionar percepciones teológicas desde múltiples perspectivas, de modo que estés al tanto de las voces teológicas que los adolescentes y sus familias están escuchando hoy. Puede que algunas de ellas no concuerden con tu postura particular, pero es importante que desarrolles un corazón comprensivo, amoroso y lleno de gracia. Ten en mente que estás tratando con gente herida, desesperada y quebrantada que, en medio de su lucha y dolor, busca gracia y esperanza, y no alguien que le dé respuestas teológicas. Soy consciente de que es peligroso escribir esto. Cada vez que el campo de juego se nivela, o por decirlo en otras palabras, cada vez que el marco teológico que uno ha internalizado se ve desafiado por una opinión teológica opuesta, se convierte rápidamente en un cuadrilátero de boxeo en el que se pelea por la verdad. Yo creo que la verdad produce libertad (Juan 8.32). Pero recordemos que los fariseos creían que eran los dueños de la verdad simplemente porque tenían una interpretación rígida de las Escrituras, y sin embargo fallaban en cuanto a ser capaces de escuchar la voz de Dios en los demás, especialmente a través del Mesías.

Una vez un querido amigo mío confrontó a un grupo de estudiantes haciéndoles la siguiente pregunta: «¿Es tu interpretación de las Escrituras siempre correcta?». Los estudiantes sabían que si respondían afirmativamente se constituirían a sí mismos en una fuente de infalibilidad. Así que respondieron: «No. Nadie puede estar en lo cierto todo el tiempo».

Luego, mi amigo les preguntó: «¿En qué áreas están equivocados?».

La sabiduría que él mostró durante esa confrontación amorosa ayudó a los estudiantes a ver que a menos que se introdujeran con gracia y de una manera abierta en las perspectivas teológicas de otros, nunca sabrían si sus propias perspectivas resultaban incompletas. Nuestra meta al ayudar a los chicos a atravesar sus dificultades es incluir a Cristo en sus situaciones. Muchas veces eso no se logra con respuestas sino con presencia, afecto, apoyo y comprensión.

Recuerdo que en una oportunidad en la que mi querida, dulce e italiana madre se sintió herida porque una pareja joven había sido descubierta en pecado sexual (ella y mi papá habían sido los mentores de ese noviazgo). Las acciones disciplinarias de la iglesia fueron duras y vergonzosas. Aunque la iglesia actuó con rectitud, falló al no considerar otras perspectivas teológicas sobre aquella situación, tales como las teologías de reconciliación, gracia, confesión y absolución. Conversando con mi madre, la escuché hacer referencia a esas perspectivas porque ella también estaba inmersa en el proceso y en el dolor de esa joven pareja y se rehusaba a aplicar el patrón rígido de tratar el asunto «de manera justa». En lugar de eso, ella decidió abordar la situación primero con amor y de buena manera.

Es importante recordar que muchas veces la rectitud no es bondad. Dios ha llamado a su pueblo a ser bueno (Mateo 5.16, Efesios 2.10, 1 Timoteo 6.17-19), y no siempre «recto». Eso no quiere decir que ignoremos la verdad, ni que minimicemos la autoridad de las Escrituras. Solo significa que debemos ser increíblemente cautelosos en cuanto a lo que es bueno y amoroso. La discusión de varios puntos de vista teológicos, aunque en un principio no estemos de acuerdo con ellos, nos mantendrá en equilibrio para que seamos amorosos y buenos.

Sección 3: Consejos prácticos y acciones a llevar a cabo al ayudar a los adolescentes que luchan con ese problema.

Cuando intentamos comprender un asunto o problema, debemos inmiscuirnos en lo teológico y considerar las acciones apropiadas. Quizás eso implique diversas cosas, desde realizar una investigación profunda hasta llevar a cabo una búsqueda agresiva de soluciones. En esta tercera sección, intentaré presentar un marco de acción que incluye ejemplos prácticos, aplicaciones y consejos. Este será solo un bosquejo que luego deberás apropiar y ajustar para que se adapte a tu situación particular. Rara vez existe una acción prescripta para un determinado problema; cada situación es única debido a la gente involucrada en ella.

A través de los años he visto a algunos líderes de jóvenes intentar utilizar libros referidos al ministerio juvenil como si se tratara de un manual de instrucciones para armar bicicletas. Presuponen que al colocar ese tornillo en aquel agujero, esa parte específica funcionará correctamente. De manera que esperan que el aplicar el consejo de un libro hará que se enderece el joven o se arregle la situación por la que atraviesa. ¡Como si la vida fuera así de fácil!

Cada ejemplo incluido en el libro surge de mis años de ministerio y experiencia clínica, de aportes realizados por gente de Dios y de resultados comprobables. Pero no son soluciones infalibles. Dios quiere participar íntimamente de la vida de los estudiantes y de sus familias en la medida en que ellos confíen en él al atravesar tiempos difíciles. No existe una formula «arregla todo»; solo la fidelidad. Por lo tanto, al aplicar las directivas o pasos de acción de estos libros, recuerda que debes buscar en oración a Dios para resolver estos problemas.

Sección 4: Recursos.

En esta sección voy a proporcionarte algunos recursos confiables como ayuda adicional.

Estos sitios de Internet, libros y organizaciones pueden servir para que obtengas más ayuda para tus adolescentes y sus familias. Ojalá eso te ahorre horas de búsqueda, de modo que puedas invertir más tiempo en tus estudiantes y sus familias.

En caso de que sea necesario, agregaré un breve comentario o descripción de la fuente. Por ejemplo, algunas fuentes te servirán al brindarte una perspectiva teológica diferente de la corriente principal. Esto te ayudará a estar informado para no tener que salir corriendo a comprar un libro o buscar un sitio en Internet. Confío en que esta serie de libros pueda socorrerte en el cuidado crítico de los adolescentes y sus familias. Dios te ha puesto en la primera línea para entrenar, pastorear y formar a un grupo de gente muy querida y valiosa a su corazón. El modo en que reacciones ante cada una de las personas involucrada en alguna de estas cuestiones difíciles puede tener consecuencias eternas. Mi oración es que todo el que lea estos libros se sienta potenciado de una forma nueva para anunciar a Jesús y que él llegue de una manera más profunda y práctica a la vida de muchos preciosos adolescentes.

COMPRENDER LOS DESÓRDENES ALIMENTICIOS

Ana, una estudiante de secundaria, se veía activa, confiable y aparentemente estable. Su líder de jóvenes, Susana, la consideraba una «estudiante esencial» porque se mostraba amigable y se relacionaba muy bien con los demás. Ana aparentaba ser una adolescente normal.

Susana comenzó a sospechar que algo no andaba bien en ella durante el campamento de verano. Ana se dirigía al comedor a la hora de las comidas, pero no comía nada. Al confrontarla, dijo que no le gustaba la comida del campamento. Aunque a muchos de los chicos no les resultaba agradable el menú del campamento, de todas formas se las arreglaban para comer ensaladas, cereales, jalea y mantequilla de maní. Sin embargo, el caso de Ana parecía diferente. Nunca tenía la apariencia de «muerta de hambre» que una adolescente típica muestra cuando no le gusta la comida. En ocasiones, Ana picoteaba algo, como un plato de cereales, un bocado de alguna fruta o una rebanada de pan. Pero Susana comenzó a sospechar que eso era solo una cortina de humo para engañar a los demás.

Con frecuencia, Ana y sus amigas hablaban de dietas y de lo gordas que se veían, y Susana siempre les aseguraba que las veía muy bien. Pero Ana bromeaba y hacía comentarios sobre su peso más seguido que las otras chicas. La líder también empezó a notar que Ana permanentemente llegaba tarde y sola a las reuniones generales del campamento. Eso le produjo tantas sospechas que decidió actuar según la guiaban sus instintos. Entonces, una noche, después de que había comenzado la reunión, Susana se dirigió hacia la cabaña de Ana. Al entrar notó que su maleta estaba abierta y llena de comida chatarra. Susana también escuchó que Ana estaba vomitando en el baño, así que se sentó en la cama y esperó a que ella saliera. Al ver a Susana allí, Ana se sintió sorprendida con la guardia baja.

—¿Qué está pasando aquí? —preguntó Susana mientras señalaba la maleta abierta.

— Odio la comida de aquí, así que traje la mía propia —respondió Ana.

—Pero estás vomitándola toda —replicó la líder.

—No me siento bien —contestó la chica.

—Creo que aquí pasa algo más de lo que estás admitiendo —señaló Susana.

Eso abrió la puerta para que Ana hablara con Susana y finalmente admitiera que, durante dos años, había estado comiendo compulsivamente y vomitando.

Susana conocía algunos hechos y estadísticas acerca de los desórdenes alimenticios, pero ahora el asunto se había convertido en una cruda realidad. Esa condición estaba afectando a una adolescente por la que ella se preocupaba profundamente; y también a la familia de aquella chica. Esto la motivó a llamarme y preguntarme: «¿Qué se debe hacer cuando los adolescentes luchan con desórdenes alimenticios?».

1.1 Alcance de este problema

Muchos líderes juveniles tienen una visión estrecha y simplista de los desórdenes alimenticios. La creencia es que los adolescentes con trastornos alimenticios simplemente no comen. Y si comen, lo hacen compulsivamente y luego lo vomitan. Más aun, consideran que esos desórdenes derivan de la vanidad y de la baja autoestima de las adolescentes que intentan encajar en el ideal de belleza impulsado por los medios y la cultura. Aunque la mayoría de los líderes de jóvenes se muestran solidarios ante la situación de una adolescente que lucha con este tipo de desorden, piensan que la cura es «solo comer» o volver a aprender a comer bien.

Otros líderes juveniles suelen asumir un enfoque alarmista y piensan que todos los adolescentes que están a dieta, o que son delgados por naturaleza, tienen un trastorno alimenticio. En general, la mayoría de los líderes actuales entiende que los desórdenes alimenticios constituyen un asunto crítico entre los adolescentes, pero tienden a pasar por alto su presencia en sus propios grupos.

Los adolescentes son las víctimas principales de los desórdenes alimenticios. A pesar de los esfuerzos de los grupos de trabajo nacionales para educar a los niños en edad escolar sobre estos peligros, los trastornos alimenticios continúan aumentando. La necesidad de ser amada y aceptada que tiene una chica es tan grande que, literalmente, se morirá de hambre si cree que eso le ayudará a lograr su propósito. El periódico de *The Wall Street Journal* informó que entre los años 2000 y 2006 el porcentaje de chicas que creían que debían ser delgadas para volverse populares aumentó del 48% al 60%.[1] De las que están siendo tratadas por desórdenes alimentarios, el 86% informó haberse iniciado en ellos antes de los 20 años: el 10% con anterioridad a los diez años; el 33% entre las edades de once y quince; y el 43% entre las edades de dieciséis y veinte.[2] De un número estimado de ocho millones de estadounidenses que padecen trastornos alimenticios (un millón de ellos, varones), el 95% son adolescentes entre doce y veinticinco años.[3] Y millones más luchan con trastornos por atracones.[4]

Se cree que la anorexia nerviosa ocupa el tercer lugar entre las enfermedades crónicas que más afectan a los adolescentes de hoy.[5] También cuenta con el índice más alto de mortalidad de todos los trastornos psiquiátricos. Su índice de fatalidad es doce veces mayor que todas las otras causas de muerte de chicas entre doce y veinticinco años de edad.[6] Y la mayoría de las víctimas mueren a causa de complicaciones fisiológicas.[7]

La obesidad es otro de los desórdenes alimenticios diagnosticados que resulta cada vez más común entre los adolescentes. El Centro para el Control de Enfermedades ha reportado que entre los años 1980 y 2000, el número de niños y adolescentes obesos en los Estados Unidos se triplicó. Además, entre los años 2003 y 2006, el predominio de la obesidad entre los adolescentes de doce a diecinueve años se ha incrementado del 5% al 17,6%.[8] Lo más triste es que solo uno de cada diez adolescentes que padecen estos trastornos alimenticios obtiene el tratamiento profesional que necesita.[9]

Los desórdenes alimenticios no suceden únicamente entre los adolescentes norteamericanos, sino que se han convertido en una preocupación mundial. Las estadísticas indican que el número de personas, tanto dentro de la cultura occidental como de la latina, que padecen de trastornos alimenticios resulta ambiguo en comparación con los casos que se dan en los Estados Unidos. Los desórdenes alimenticios constituyen un problema mundial que afecta a los adolescentes, y en verdad deberían volverse una preocupación para todos los líderes juveniles.

El trastorno alimenticio se caracteriza por producir alteraciones severas y anormales en el comportamiento relacionado con la alimentación (que van desde el no comer, hasta el comer demasiado o comer de manera poco saludable), junto con una ansiedad y preocupación por la imagen, y por la forma y el peso del propio cuerpo. Muchas veces este fenómeno tiene una morbilidad asociada con severos problemas mentales y físicos, incluyendo diversas formas de desorden en la alimentación.

Un adolescente que padece algún trastorno alimenticio se obsesiona con la comida, el ejercicio, la pérdida de peso, la imagen corporal, la salud y el control. La palabra clave de esta última oración es *obsesión*. Los adolescentes, debido a la etapa de desarrollo por la que atraviesan en su vida, se vuelven más sensibles a su peso, imagen corporal y apariencia general. Esta hipersensibilidad y preocupación puede ser malinterpretada como un trastorno. Sin embargo, los adolescentes que padecen desórdenes alimenticios están aún más pendientes de su imagen corporal y de su alimentación que los adolescentes promedio. Sus conversaciones, comportamientos, actitudes, deseos y tiempo giran en torno a ese trastorno.

1.2 Mitos acerca de los desórdenes alimenticios

Los trastornos de la alimentación son solo una cuestión femenina. Este mito resulta dañino porque hace que la gente pase por alto y no sea capaz de reconocer los síntomas que se presentan en un varón que los padece. Aunque los desórdenes de alimentación entre las mujeres sobrepasan en número a los de los hombres por casi siete a uno, eso no quiere decir que se trate exclusivamente de un problema femenino. Es preferible no discriminar por género en la interpretación de las señales y síntomas de los trastornos de alimentación (a menos que se especifique algo puntual en el libro). En un capítulo posterior nos dedicaremos a observar específicamente los desórdenes alimenticios entre los hombres.

Un profesional de la salud va a descubrir si mi hijo sufre un trastorno de la alimentación mediante los exámenes médicos de rutina. Por lo general, la gente niega tener problemas o comportamientos indicativos de un desorden alimenticio. Y los profesionales de la salud atienden con poca frecuencia a los adolescentes. Durante esas cortas visitas, cualquier fluctuación de peso puede ser considerada como un crecimiento normal del adolescente. A menos que un profesional de la salud esté buscando específicamente un trastorno alimenticio o que se lo haya advertido un padre preocupado, ese desorden pude fácilmente ser pasado por alto.

Los trastornos alimenticios solo tiene que ver con la apariencia y con la comida. Aunque la imagen corporal a menudo suele tomarse en cuenta en la epistemología de un desorden de alimentación, la mayoría de las veces el trastorno implica mucho más. Un adolescente que padece de un desorden alimenticio también puede estar luchando con problemas emocionales tales como la depresión, el abuso, cuestiones de control, una baja autoestima, temor y ansiedad, un trastorno obsesivo-compulsivo o una crisis de identidad.

Los desórdenes de alimentación son una elección de los adolescentes. Este mito va a la par del que dice que un adolescente que sufre trastornos de alimentación puede elegir terminar con él solo comenzando a comer. En cierta ocasión un padre me dijo que cuando descubrió que su hija tenía un trastorno alimenticio, se dirigió en su automóvil hasta la universidad en la que ella estudiaba, la sacó a cenar y le dijo que no se iría de allí hasta que comiera todo lo que él había pedido para ella. Su premisa era que si ella había escogido entrar en esos hábitos, también podría elegir detenerse. A decir verdad, un trastorno de la alimentación puede ir desarrollándose durante un largo tiempo y se conforma por un complicado enredo de problemas biológicos y psicológicos.

Es posible darse cuenta si alguien padece de un trastorno alimenticio solo considerando si está por debajo o por encima de su peso normal. Existen muchas personas que sufren desordenes alimenticios y que tienden a estar a una distancia de entre dos y cinco kilos del peso aceptable. Algunos trastornos de alimentación, al cabo del tiempo, resultan en un cambio extremo de peso. Pero hay que tener en cuenta que durante la adolescencia a menudo resulta difícil identificar a los jóvenes que padecen de estos desórdenes basándonos tan solo en su apariencia (especialmente al comienzo del trastorno). Lo inverso también es cierto: hay muchos adolescentes con sobrepeso o por debajo de su peso normal que no sufren de desórdenes de alimentación. Además, es importante destacar que el hecho de que un adolescente esté a dieta no significa que padezca una problemática de este tipo. Sin embargo, que los adolescentes se sometan a un régimen para adelgazar, debería considerarse como un asunto de preocupación y ser monitoreado por un adulto capacitado.

Algunos desórdenes alimenticios no ponen en riesgo la vida. Algunas personas creen que la anorexia nerviosa es el único trastorno de la alimentación que constituye una amenaza para la vida. En realidad, todos los trastornos alimenticios son potencialmente mortales. La prácticas que se llevan a cabo en cualquiera de estos trastornos, (desde el vómito, el abuso de laxantes, el ejercicio excesivo, la ingesta limitada de comida y hasta el directamente no comer) producen consecuencias que ponen en riesgo la vida. Estos patrones alimenticios abusivos tienen la capacidad de provocar problemas gastrointestinales, falta de inmunidad, estrés cardíaco, desequilibrio en los líquidos y electrolitos, y una cantidad de otros problemas fisiológicos que de no ser tratados pueden salirse de control y causar la muerte.

Los varones que sufren de trastornos alimenticios generalmente tienen problemas en cuanto a su orientación sexual. Ese mito surge a partir de una información deficiente que estima que los desórdenes alimentarios son un tema relacionado solo con las mujeres, como resultado de una obsesión individual por verse delgadas y estar a la moda. Esas ideas también conllevan una visión distorsionada de la identidad masculina. La combinación de ambas situaciones abre paso a este mito que resulta muy destructivo. La verdad es que los trastornos alimenticios no tienen nada que ver ni muestran correlación alguna con la orientación sexual.

La tendencia a comer compulsivamente no es un trastorno alimenticio. Equivocado. A menudo la persona que habitualmente come compulsivamente, o tiene episodios de atracones, está utilizando la comida como un medio inapropiado de enfrentar el dolor y el sufrimiento personal e intentar eliminarlos. Por lo tanto, es un trastorno de la alimentación.

La gente que se purga lo hace únicamente mediante el vomito. Purgarse es una acción destinada a eliminar cualquier contenido del estómago o de los intestinos. Aunque vomitar es una manera fácil de lograrlo, mucha gente se purga y recurre a medios más extremos como enemas, laxantes, abuso de la insulina, ayuno y ejercicios excesivos.

El ejercicio siempre es algo bueno. Algunas personas pueden abusar del ejercicio físico y, por lo general, la gente que padece de desórdenes alimenticios o de insatisfacción con su cuerpo, lo hace. Este tipo de ejercitación exagerada puede causar fracturas por estrés, lesiones espinales, lastimaduras, osteopenia u osteoporosis, amenorrea, e incluso muerte súbita.

Aquellos que padecen trastornos alimenticios no logran recuperarse totalmente. El tratamiento y la intervención terapéutica insumen un largo tiempo, dependiendo del individuo y de la comorbilidad de otros problemas de salud que se dan junto con el desorden alimentario. Sin embargo, a pesar de que el proceso es largo, un individuo puede recuperarse totalmente de un trastorno en la alimentación. A menudo los mejores resultados se obtienen cuando la intervención se realiza en etapas tempranas. Por esta razón, resulta muy importante que los líderes de jóvenes y los padres reconozcan y comprendan las señales de advertencia iniciales de un desorden alimenticio.

1.3 Comprender el desarrollo físico de los adolescentes

La pubertad es la etapa de la vida en la que el crecimiento físico resulta más drástico y pronunciado. Durante la adolescencia, los chicos y las chicas comienzan a perder su apariencia infantil y empiezan a desarrollar las características sexuales primarias y secundarias. Eso se produce a causa de la liberación de una cantidad de hormonas sexuales y de crecimiento. Durante la adolescencia los chicos pueden crecer aproximadamente entre 8 y 12 centímetros al año, ensanchando sus hombros, caja torácica, columna vertebral y caderas. Además, un muchacho puede aumentar hasta 22 kilos, o más, durante la pubertad, incrementando su masa muscular una vez y media, y duplicando de ese modo su estado como impúber. Las chicas también aumentan su masa muscular y su altura en aproximadamente 6 a 10 centímetros al año. Aunque el aumento de la masa corporal en los varones se debe mayormente al desarrollo muscular, en las mujeres tiene que ver con la celulitis, lo que les proporciona una forma curvilínea de mujer.

Estos cambios drásticos, juntamente con otras transformaciones en las características sexuales primarias, hacen que los adolescentes experimenten un sentido de anormalidad. Una de las prácticas comunes (generalmente inconsciente) en los adolescentes es comparar su físico con el de los demás, lo que incluye a otros adolescentes, adultos y hasta ciertos íconos de belleza que presentan los medios de comunicación. Este proceso de comparación los ayuda a navegar por las aguas tormentosas de la transformación fisiológica, pero también provoca que aun aquellos que cuentan con un físico atlético encuentren fallas en sus cuerpos y se sientan anormales. Todos los chicos tienen una visión o percepción distorsionada de su imagen corporal en algún momento de sus años adolescentes. Y la mayoría trata de controlar o alterar su apariencia mediante dietas y ejercicio.

Es importante que los líderes de jóvenes y los padres entiendan las dinámicas de los cambios fisiológicos de un adolescente (aun en una profundidad mayor que la que proporciona la breve descripción que acaban de leer aquí). Necesitamos ayudar a los chicos a comprender que ninguna cantidad de ejercicio, pesas o dietas podrán alterar completamente la forma de un cuerpo que todavía está en pleno proceso de cambio. Yo he visto estudiantes de los primeros años de secundaria inscribirse en clases de levantamiento de pesas en un intento desesperado por esculpir sus cuerpos. Obtienen resultados, pero solo para tener que cambiarlos luego, en los años subsiguientes, porque su masa muscular se irá modificando. De la misma manera, las señoritas de primer año de la escuela secundaria que comienzan una dieta para perder peso se encontrarán luchando una batalla cuesta arriba. Los adultos deben asegurarles a los adolescentes que su crecimiento y los cambios físicos drásticos, así como los sentimientos de anormalidad e insuficiencia que experimentan, son totalmente normales. Si el entrenamiento con pesas resulta esencial para la práctica de algún deporte, y si la perdida de peso es un requisito indispensable para la salud de alguno, entonces debería ser correctamente monitoreado y no practicado en exceso.

1.4 Conocimientos básicos acerca de los trastornos alimenticios

Cada trastorno alimenticio específico puede mostrar signos y síntomas propios; sin embargo existen algunos signos y síntomas comunes que están presentes en todos los desórdenes de la alimentación que se abordan en el libro. Empecemos por observar algunos factores comunes que se hallan presentes en todos los trastornos alimentarios.

Los trastornos alimenticios son complejos. No aparecen simplemente como resultado del deseo de una persona de verse delgada o atractiva. Un desorden alimenticio es más que simplemente un asunto de vanidad; puede aparecer a partir de muchos problemas diferentes. La complejidad de cada trastorno alimenticio a menudo demanda una solución compleja.

Los trastornos alimenticios afectan a hombres y a mujeres de todas las razas y de todo nivel socioeconómico. En todo el mundo las investigaciones médicas sobre los desórdenes de alimentación han indicado que todos los grupos de personas y rangos sociales son susceptibles de padecerlos.

Los trastornos alimenticios se clasifican en cuatro categorías: anorexia nerviosa, bulimia nerviosa, trastornos por atracones y trastornos alimentarios no específicos **(TANE).**

Los trastornos alimenticios comparten comorbilidad con otros problemas psicológicos. Tres de estos se relacionan con desórdenes obsesivo-compulsivos, trastornos de ansiedad, perfeccionismo, paranoia y depresión, aunque no se limitan solo a ellos.

Los trastornos alimenticios tienen causas y consecuencias psicológicas y biológicas. Existen algunos disparadores comunes de los desórdenes alimenticios:

- *Imagen corporal distorsionada.* Los adolescentes pueden albergar la idea de que sus cuerpos no son normales. Esta noción también está ligada a su sentido de valor y estima. Independientemente de lo que hagan, el deseo obsesivo de refinar su forma, imagen o estatus nunca se ve satisfecho. Como resultado, los chicos se obsesionan con la idea de esculpir sus cuerpos al involucrarse en relaciones disfuncionales con los alimentos y el ejercicio físico.

- *Necesidad de tener control.* Los adolescentes rápidamente aprenden que el primer lugar en el que pueden ejercer algún sentido de autonomía y control en sus vidas es a través de su boca. Esa es la razón por la que muchos preadolescentes y estudiantes de los primeros años de la secundaria pasan por una «etapa de malas palabras». Creen que parecerán más adultos si utilizan un lenguaje obsceno. También descubren que es posible elegir el momento y el lugar para hacerlo, ejerciendo así control y discreción. Ese mismo deseo de ejercer control y tener autonomía influye en los desórdenes alimenticios. Cuando un adolescente siente que la vida está fuera de control (sentimientos generalizados de opresión, estrés, presiones, temor) da rienda suelta al control que ejerce sobre la comida, ya sea por no comer o por comer lo que le viene en ganas. Eso también puede representar una forma de rebelión, lo que les da a los adolescentes un sentido de derecho a comer cualquier cosa, en cualquier momento, o de sublevarse contra los alimentos y sus efectos.

- *Necesidad de llenar un vacío o de enmascarar una pena.* Todos tenemos sentimientos negativos algunas veces, y en ocasiones decidimos que nuestros sentimientos se pueden anestesiar con un helado. La diferencia entre esa reacción normal y la de alguien que padece de un trastorno alimenticio es que ese comportamiento se convierte en obsesivo, con una dependencia adictiva de los alimentos o de la liberación de endorfina producida por ellos, o adoptando comportamientos de purga. El uso inapropiado de la comida como medio para escapar de los sufrimientos de la vida se convierte en una adicción muy similar en sus ciclos a la que experimenta un alcohólico o un drogadicto.

La historia clínica, la endocrinología y la neurología, la genética y los estudios sobre lo innato y lo adquirido del individuo, se consideran factores que influyen sobre el desarrollo de los trastornos de la alimentación. Si bien existe sustento para validar cada uno de esos factores, no contamos con evidencias concluyentes que nos proporcionen una única causa como emergente.

Los trastornos alimenticios ponen en riesgo la vida, pero son tratables. La intervención puede incluir (aunque no se limita solo a eso) consejería nutricional, psicoterapia individual, medicación, programas con grupos de apoyo, terapias familiares, consejería pastoral, hospitalización del paciente (en casos severos), modificación del comportamiento, o la combinación de muchas de estas medidas dentro de un enfoque interdisciplinario.

1.5 Factores y causas de los desórdenes alimenticios

Es importante recordar que los trastornos de alimentación son muy complejos. Eso nos ayudará a ministrar más eficientemente a los adolescentes que los padecen. Debido a esa complejidad, los profesionales de la salud física y mental han descubierto múltiples causas y factores que contribuyen a que se produzcan desórdenes alimenticios. Ninguno es más importante que otro. Y como resultado, no puede haber una solución rápida. Las siguientes secciones nos ayudarán a considerar algunos de ellos.

1.5A FACTORES PSICOLÓGICOS

Experiencias traumáticas en la vida. Vivencias como la muerte de un ser querido, la pérdida de una relación, o una mudanza a otra ciudad y escuela, son capaces de generar sentimientos de perdida de control y de ineptitud. Comer y hacer ejercicios puede convertirse para el adolescente en un modo de reenfocar su atención y alejarlo del trauma. Sin embargo, también es posible que se desarrolle un trastorno alimenticio como una manera poco saludable de afrontar los problemas. Otros tipos de vivencias traumáticas incluyen el abuso y la agresión en lo físico, sexual o emocional. En esos casos el desorden alimenticio se convierte en un mecanismo de defensa que ayuda al adolescente a evadir el dolor que le produce esa situación. Como reacción a las instancias de abuso sexual, es posible que un trastorno alimenticio constituya el intento consciente o inconsciente del adolescente de prevenir la violencia sexual alterando la imagen y forma de su cuerpo.

Disfunción familiar. Para los adolescentes que viven en familias disfuncionales, un trastorno de alimentación se convierte en una tentativa de experimentar un sentido de control en su propia vida. Especialmente en los casos en que los padres o cuidadores son sobre protectores o ejercen un control excesivo; o tal vez se muestran negligentes en cuanto a establecer límites seguros para el adolescente. También los chicos incursionan en trastornos alimenticios para distanciarse de sus padres, buscar que les presten atención o escapar a la sensación de haber sido ignorados o abandonados. El desorden de alimentación a menudo les proporciona un falso sentido de seguridad y control.

Transiciones importantes en la vida. Algunos adolescentes lo pasan mal cuando se presentan cambios, porque estos pueden producirles un abrumador sentido de temor. Como resultado, se vuelcan a comer a modo de consuelo, de aplacar el miedo o de sobreponerse a los cambios. Las transiciones normales de la vida, como la pubertad, el paso de la escuela primaria a la secundaria y posteriormente a la universidad, y las cuestiones de autonomía, se convierten en una carga demasiado pesada. Por lo tanto, comer se vuelve un mecanismo de defensa.

Un aplastante sentido de fracaso y falta de control. Muchos adolescentes que padecen de desórdenes alimenticios, también tienen tendencias perfeccionistas. Tratan de calmar el estrés, la ansiedad y el temor al fracaso mediante una alimentación disfuncional. Eso resulta evidente en los chicos bulímicos que comen para compensar el estrés de fallar, luego vomitan para corregir el fracaso, la culpa y la vergüenza que sienten por haber comido compulsivamente.

Una baja autoestima. Los adolescentes que se sienten incompetentes o tienen una imagen corporal distorsionada de ellos mismos son susceptibles a padecer trastornos alimenticios. El desorden de alimentación es un intento de alterar su imagen y sentirse bien con ellos mismos. A veces, lo que se produce es justamente lo contrario, ya que el exceso de comida se convierte en un medio para probar su falta de valor personal. en ambos casos Por lo general, en ambos casos, esos jovencitos creen que su valor personal está directamente relacionado con su imagen corporal. El trastorno alimenticio se convierte en un falso sentido de consuelo para el sufrimiento emocional.

Enfermedad grave o discapacidad. En un libro anterior de esta serie, *¿Qué hacer cuando los adolescentes están deprimidos y contemplan el suicidio?*, mencioné que las enfermedades crónicas y el padecimiento de una discapacidad muchas veces lleva a los adolescentes a caer en una profunda depresión, y hasta los conduce a intentar un suicidio. Sin embargo, muchos adolescentes nunca contemplan esta posibilidad. En lugar de ello, comienzan con un lento proceso de autodestrucción a través de un trastorno alimenticio. La obsesión por comer puede convertirse en una distracción para evitar enfrentar un sentimiento de anormalidad o de limitación de sus capacidades. El desorden de alimentación se transforma en una búsqueda falsa de recuperar la normalidad y obtener aceptación.

Problemas sociales. Algunos adolescentes sufren burlas y hostigamiento escolar, tienen problemas para hacer amistades y conservarlas, y actúan desde una visión distorsionada de lo que es socialmente aceptable, basándose en las señales que reciben de los medios de comunicación. Esos chicos también interiorizan valores tales como que el ser delgado, hermoso y tener un cuerpo perfecto les proporcionará éxito, popularidad y mejor posicionamiento social. El comer se convierte en un medio a través del que pueden cambiar su apariencia y escapar así de sus problemas sociales. También se transforma en una búsqueda falsa de aceptación y aprobación social.

Otros problemas psicológicos. Como lo mencioné anteriormente, muchos adolescentes que sufren de desórdenes alimenticios también presentan otros trastornos psicológicos. A menudo esos problemas psicológicos preceden al trastorno de alimentación. En otras palabras, la depresión o un trastorno obsesivo-compulsivo pueden dar lugar a un desorden alimenticio. En tales casos, los desórdenes de alimentación pueden formar parte de los intentos que realiza el adolescente por enfrentar la situación, lograr controlarla u obtener algún consuelo.

1.5B LA GENÉTICA Y LOS FACTORES FAMILIARES

Se realizan investigaciones continuas para determinar si los factores genéticos, bioquímicos, neurológicos, endocrinos y fisiológicos se vinculan con los trastornos de la alimentación. Algunos estudios han demostrado que la anorexia y la bulimia son estadísticamente más frecuentes entre miembros de una misma familia.[10]

Estudios realizados en gemelos también indican que puede haber un componente genético que predispone a un adolescente a ser más vulnerable a los desórdenes alimenticios. Un estudio reciente demostró un cincuenta por ciento de presencia de trastornos de alimentación entre gemelos y una incidencia del diez por ciento entre mellizos.[11]

Estos estudios no concluyen que los desórdenes alimenticios son de origen genético, pero sí muestran una posible conexión. Una variable clave en el estudio de gemelos es el ambiente. Los gemelos suelen vivir en la misma casa. Por lo tanto, aunque resulta obvio que comparten la misma genética, también comparten el mismo ambiente y cultura. Esos factores también podrían influir en el desarrollo de los trastornos de la alimentación.

El cerebro es el órgano que controla el apetito y regula la alimentación. Por lo tanto, es posible llegar a la conclusión lógica de que algunas disfunciones en el cerebro podrían causar trastornos de alimentación. En una persona que no padece de un desorden alimenticio, los alimentos (o la falta de ellos) provocan la liberación de sustancias químicas que elevan o disminuyen el apetito. Algunos estudios han demostrado una conexión entre la bulimia y la capacidad del organismo de utilizar y producir triptófano y serotonina, que son a la vez esenciales para la nutrición saludable y la estabilidad emocional.[12]

Estos estudios muestran una vinculación entre los trastornos alimenticios y las funciones cerebrales, las sustancias químicas del cuerpo, y las hormonas. Aunque las modificaciones de comportamiento (tales como la regulación de la dieta o el aprendizaje de la auto-disciplina y el auto-control) son esenciales para el tratamiento de un desorden alimenticio, los científicos están llegando a la conclusión de que puede haber otros caminos farmacológicos para el tratamiento de esos trastornos. Al escribir estas líneas, solo existe un medicamento específico diseñado para tratar la bulimia (Fluoxetina). La mayoría de las drogas de prescripción utilizadas en el tratamiento terapéutico de los trastornos de la alimentación tienen como objetivo los trastornos psicológicos coexistentes, como la depresión, los trastornos obsesivo-compulsivos o la ansiedad.

1.5C FACTORES CULTURALES

El peso corporal y la belleza se consideran de manera diferente de una cultura a otra. En las culturas occidentales tiende a haber una mayor preocupación por la delgadez que en las sociedades y culturas de los otros dos tercios del mundo. El principal desencadenador de un desorden alimenticio también varía de una cultura a otra. En Hong Kong y la India, por ejemplo, los trastornos de la alimentación pueden provenir del deseo de ser santos. Los fanáticos religiosos practican ayunos prolongados y suelen tener dietas extremadamente restrictivas, que en ciertas ocasiones dan lugar a trastornos alimenticios.[13]

Sin embargo, independientemente de la pureza religiosa, se ha producido un incremento en la aparición de desórdenes alimenticios entre los no occidentales. Se especula que la tecnología ha dado lugar a una confusión de valores culturales, por lo tanto, en todos lados se están adoptando las normas culturales occidentales (incluso las relacionadas con la forma ideal del cuerpo).[14]

Un estudio realizado en una cultura anterior a la televisión en las Islas del Pacífico, reveló que tenían poca o ninguna preocupación por la imagen corporal. De hecho, se presumía que una persona delgada era enfermiza. Pero cuando esta cultura adoptó la tecnología moderna, comenzaron a aparecer casos de trastornos de la alimentación, y las jóvenes empezaron a creer que necesitaban parecerse a los íconos que veían en los medios de comunicación. [15]

Los medios de comunicación tienden a convertirse en indicadores culturales que influyen sobre los desórdenes alimentarios. Se han realizado muchos estudios sobre los efectos que producen las revistas de moda y de gimnasia corporal para estar en forma, la televisión y las películas, ya que tanto reflejan la creencia de que nuestra cultura ultra delgada es la única forma aceptable de belleza, como promueven la delgadez por medio de modelos que raramente representan a la mayoría de la población. Los resultados no solo son un aumento del deseo y el impulso de ser delgados en los adolescentes (especialmente en las chicas), sino también una insatisfacción corporal en todos los adolescentes, tanto varones como mujeres. En su libro Teenage Girls [Chicas adolescentes], Ginny Olson incluye ciertos datos culturales:[16]

- Para llegar a ser una modelo de pasarela, una chica tiene que medir por lo menos un metro ochenta de alto, tener piernas largas, cuello largo y hombros anchos. Menos del cinco por ciento de la población encaja dentro de esas dimensiones.

- La probabilidad de que una persona tenga las mismas dimensiones físicas que la famosa muñeca Barbie es de una en cien mil. Y la probabilidad de que un chico tenga las dimensiones físicas de Ken es de uno en cincuenta.

- Por decisión propia, el ochenta por ciento de los niños de tres a cinco años prefieren jugar con una muñeca delgada porque «es más divertido que jugar con una muñeca que se ve gorda».

- Antes de la década de 1960, las modelos y artistas en los Estados Unidos pesaban solo el siete por ciento menos que la mujer promedio. Alrededor de 1970, pesaban un quince por ciento menos.

- De «las personas normales que hacen dieta», el treinta y cinco por ciento de ellas avanza hacia dietas compulsivas. Y de ese porcentaje, entre el veinte y el veinticinco por ciento incurre parcial o totalmente en trastornos alimenticios. 17

Para añadir más leña al fuego, se ha producido un incremento de los sitios web pro-anorexia y pro-bulimia. Esos sitios, que a menudo se denominan «Pro-ana» o «pro-mia», defienden la anorexia y la bulimia como estilos de vida, en lugar de considerarlos trastornos psicológicos o clínicos. La popularidad de esos sitios es mayor en el Reino Unido, pero está creciendo rápidamente en los Estados Unidos y en otros países en los que los adolescentes tienen más acceso a Internet. Los creadores de esos sitios creen que están proporcionando «una inspiración a la delgadez» a través de imágenes e historias, así como de consejos sobre cómo comer compulsivamente y purgarse mejor, cómo engañar a los profesionales de la salud y a los adultos preocupados, y brindan las mejores excusas para esconder las propias conductas alimenticias, e incluso ideas en cuanto a dietas estrictas. También presentan mensajes de advertencia contra la opinión de los médicos y afirman que sus mensajes son falsos y constituyen tácticas de intimidación para influir sobre el derecho del individuo a hacer lo que quiera con su cuerpo.

Esos sitios web también exaltan a las figuras famosas ultra-delgadas como ejemplos a seguir. Algunos dan consejos sobre cómo superar el hambre, por ejemplo, provocando conflictos personales, ya que la ansiedad generada por el conflicto mantiene al adolescente lejos de la comida. Motivan a autolesionar el cuerpo o a recurrir a la automutilación cuando les da hambre. También aconsejan repetir ciertos mantras tales como: «Un cuerpo imperfecto refleja a una persona imperfecta», y beber vinagre para saciar el apetito. Esos sitios web destructivos atraen a los adolescentes más jóvenes que están luchando con problemas alimentarios y de imagen corporal. Las salas de chat, redes sociales, blogs y foros entrenan a los visitantes con historias y consejos sobre cómo ser un «mejor anoréxico». Uno de esos sitios publica reglas perniciosas a seguir como las siguientes: «Los 10 Mandamientos de la delgadez»:

1. Si no eres delgado, no eres atractivo.

2. Ser delgado es más importante que estar sano.

3. Debes comprarte ropa, cortarte el cabello, tomar laxantes, morirte de hambre, y hacer todo lo que sea necesario para verte más delgado.

4. No comerás sin sentirte culpable.

5. No ingerirás comida que engorde sin castigarte después por eso.

6. Deberás contar las calorías y restringir tu ingesta de manera apropiada.

7. Lo que dice la báscula es lo más importante.

8. Perder peso es bueno / aumentar de peso es malo.

9. Nunca se puede estar demasiado delgado.

10. Ser delgado y no comer son signos de verdadera fuerza de voluntad y de éxito.

Aunque muchas máquinas de búsqueda importantes han prohibido estos sitios, su popularidad aumenta y se hace cada vez más difícil monitorearlos. Los líderes de jóvenes deben ser conscientes de la popularidad de esos sitios y convertirse en una voz más poderosa que ellos en la vida de los adolescentes que están sufriendo. Los adolescentes que frecuentan esos sitios y se dejan influir por ellos, a menudo se sienten muy solos y buscan relacionarse con otras personas que también estén sufriendo.

Además de la fijación que tiene nuestra cultura con la apariencia, hay una obsesión por el rendimiento deportivo. Muchos adolescentes creen que tienen que ser atletas increíbles con el fin de calificar para becas universitarias o ser reclutados por una escuela superior. Además, muchos de ellos han sido empujados desde que eran niños a perseguir el sueño de convertirse en deportistas de élite, profesionales y ricos. En consecuencia, se ven atrapados en una rutina de entrenamiento y rendimiento. Se exponen al riesgo de padecer de trastornos alimenticios, sobre todo si sus deportes son individuales y tienen requisitos de peso (como la gimnasia, la lucha libre, el boxeo, el patinaje, las artes marciales, el buceo y otras) o son de alto consumo energético (como el atletismo o la natación). El riesgo es mayor cuando los entrenadores y otros adultos motivan a los adolescentes a creer que un menor peso corporal mejorará su rendimiento. A menudo esos entrenadores y preparadores físicos están más preocupados por ganar y por el rendimiento que por el bienestar de los atletas.

Hay muchas opciones para que las niñas participen de actividades atléticas y encuentren una carrera en la que se requiera tener una buena aptitud física. Debido a las presiones que nuestra cultura pone sobre las mujeres con respecto al rendimiento y la apariencia, existe una constante preocupación por la prevención y la rehabilitación de cuestiones físicas que puedan perjudicar a la atleta femenina. En el año 2002 se formó La Coalición Triple de Atletas Femeninas para abordar los problemas médicos interrelacionados que afectan a las mujeres deportistas, como trastornos alimentarios, amenorrea y osteoporosis. La Coalición se esfuerza por evitar estas cuestiones a través de la promoción, la educación, el liderazgo internacional, las políticas públicas y la investigación.[18]

Incrementar un toma de conciencia sobre los trastornos alimenticios, la amenorrea y la osteoporosis entre las mujeres atletas y las personas que trabajan con ellas se ha convertido en la preocupación de muchas organizaciones deportivas y asociaciones de todo el mundo, incluyendo el Comité Olímpico Internacional (COI).

1.6 Tipos de trastornos alimenticios

La Asociación Psicológica Americana ha clasificado los desórdenes alimentarios en cuatro categorías principales:

1.6A ANOREXIA NERVIOSA

Este trastorno alimenticio se caracteriza porque el adolescente pasa hambre. Esta forma de auto-inanición a menudo incluye comer compulsivamente y purgarse. Debido al componente de la purga, la mayoría de los líderes de jóvenes que no están capacitados, pueden creer que se trata de bulimia. (Abordaremos la bulimia en la siguiente sección). La diferencia entre los dos trastornos radica básicamente en la cantidad de peso que pierden y en algunas prácticas de los adolescentes que los padecen. Los anoréxicos pesan menos del ochenta y cinco por ciento del peso normativo previsto para su edad y altura. El comer compulsivamente y las purgas pueden ser una parte de su comportamiento, pero la diferencia es que ellos están en un nivel peligrosamente bajo de peso y no lo perciben.

Normalmente la anorexia se caracteriza por la auto-inanición. El término viene del griego *orexis*, que significa «apetito», precedido por la raíz griega *ana*, que significa «sin». Por lo tanto, la traducción de anorexia sería «sin apetito». El griego *nervosa* significa estar nervioso como con una agitación implícita sobre algo. Así que la traducción de todo el término *anorexia nervosa* significa «nerviosismo psicológico que deja a la persona sin apetito». A pesar de que esa es la traducción literal, sabemos que ese trastorno implica mucho más que una pérdida del apetito.

Los adolescentes anoréxicos viven obsesionados por su peso y su imagen corporal. Se aventuran a entrar en hábitos alimenticios destructivos tales como contar las calorías, eliminar ciertos alimentos de su dieta, comer porciones cada vez más pequeñas, masticar pero nunca tragar sus alimentos y hasta ayunar o no comer en lo absoluto. Si se practican por largo tiempo y de manera consecuente, estos comportamientos harán que la persona pierda una tremenda cantidad de peso y que finalmente se encuentre muy por debajo del peso normal para su altura y edad. La mayoría de los anoréxicos creen que son gordos porque tienen problemas con su imagen corporal. Como resultado, un anoréxico muy demacrado hará dietas, practicará gimnasia en exceso y hasta ayunará por temor a aumentar de peso o volverse «más gordo».

Según la revisión del texto de la cuarta edición del Manual de Diagnósticos y Estadísticas de los Trastornos Mentales de la Asociación Psiquiátrica Americana, (DSM-IV-TR), las características de la anorexia nerviosa son las siguientes:[19]

1. Rechazo a mantener el peso corporal en o por encima de un mínimo peso normal para la edad y la altura (por ejemplo, pérdida de peso que conduce a mantener el peso corporal por debajo del ochenta y cinco por ciento de lo esperado; o no lograr aumentar el peso esperado durante el período de crecimiento, lo que equivale a un peso corporal menor del ochenta y cinco por ciento de lo que se supone).

2. Miedo intenso a aumentar de peso o a convertirse en obeso, incluso estando por debajo del peso.

3. Alteración en el modo de percibir el propio peso o la forma del cuerpo; influencia exagerada del peso o de la imagen corporal sobre la auto evaluación; negación en cuanto a lo serio que es el bajo peso corporal presente.

El Manual de Diagnósticos y Estadísticas de los Trastornos Mentales también clasifica a la anorexia nerviosa en dos categorías o tipos. El primero se denomina como «Tipo restrictivo», indicando que el adolescente no presenta ningún comportamiento relacionado con episodios de atracones y purgas. El segundo es el «Tipo compulsivo/purgante», en el que el adolescente realiza regularmente estas actividades. Los adolescentes con anorexia nerviosa no solo tienen una visión distorsionada de sus cuerpos sino también de su interior. Su autoestima y valía personal suelen ser demasiado bajas. Además, muchos anoréxicos pueden ser perfeccionistas y obsesivos. Esa combinación hace que un adolescente se vuelva una presa fácil para la anorexia. El resultado final es que los adolescentes se mueren de hambre con el fin de ser aceptados o de sentirse más valiosos. Sus tendencias perfeccionistas los hacen considerarse como si nunca estuvieran lo suficientemente delgados, a pesar de que realmente son capaces de percibir cuando otros adolescentes muestran un aspecto demacrado y esquelético cuando están por debajo de la expectativa del peso normal para su estatura y edad. Los adolescentes anoréxicos incluso pueden tratar de convencer a sus amigos de que ellos sí están en un buen peso (ni demasiado gordos, ni demasiado flacos), a pesar de que esos amigos no tengan un cuerpo ideal. Sin embargo, los anoréxicos no son capaces de aplicar esos mismos criterios sobre ellos mismos. Algunos síntomas de la anorexia pueden presentarse mucho antes de que el anoréxico comience a perder peso. Ciertas tendencias, comportamientos, actitudes y valores son los primeros signos que deberían despertar una preocupación inmediata. Algunos de los síntomas de la anorexia nerviosa incluyen las siguientes señales psicológicas, fisiológicas y de comportamiento.

Señales psicológicas

- Tendencias perfeccionistas.

- Comparación de su imagen corporal con la de los demás hasta adquirir una imagen distorsionada de ellos mismos.

- Miedo a engordar y una preocupación obsesiva y fuera de control por la imagen corporal y el peso.

- Una sensación constante de estar gordos o tener sobrepeso a pesar de haber sufrido una drástica pérdida de peso.

- Cambios en la personalidad que reflejan una tendencia a aislarse y a retraerse.

- Ideas obsesivo-compulsivas (o por decirlo de otra manera, se enfocan en una sola parte del cuerpo, por ejemplo, los brazos o la cara, como si esa constituyera la representación de todo su cuerpo. Los adolescentes anoréxicos pueden realizar dietas excesivas porque creen que sus mejillas se ven demasiado gordas o sus tobillos parecen demasiado grandes, y cosas por el estilo).

- Falta de concentración e incapacidad de mantenerse enfocados.

- Episodios de depresión, baja autoestima, paranoia, y pensamientos suicidas pueden hacer su aparición.

Señales en el comportamiento

- A menudo tienen dificultades para terminar una comida; los alimentos o su olor pueden resultarles algo nauseabundo.

- Pueden evitar situaciones y eventos en los que se sirvan alimentos (a menudo, esta es la razón por la que los alumnos con desórdenes alimenticios no participan de las comidas en los campamentos o retiros).

- Se rehúsan comer o niegan tener hambre; son capaces de saltearse las comidas y poner excusas para no ingerir alimentos.

- Pueden desarrollar hábitos alimenticios anormales, tales como comer porciones exageradamente pequeñas, pesar la comida, o masticar su comida sin tragarla (los padres suelen encontrar comida escupida en las servilletas; también los adolescentes anoréxicos pueden retirarse de la mesa con una excusa y así deshacerse de la comida masticada).

- El exceso de ejercicio físico puede convertirse en una obsesión en la que los adolescentes se vuelven paranoicos si dejan de lado su rutina. Suelen hacer gimnasia varias veces al día, hasta el punto de dañar su cuerpo. Incluso intentan continuar con los ejercicios aun cuando estén enfermos o no tengan fuerzas.

- Constantemente hablan sobre el peso, la imagen corporal o el hacer ejercicios; se miran frecuentemente al espejo para comprobar los defectos que creen que los definen.

- Limitan su consumo de alimentos a los de bajas calorías; se preocupan mucho por el recuento y la restricción de las calorías.

- Es posible que clasifiquen los alimentos como «buenos», «seguros» o «malos», y este rótulo se convierte en una parte habitual de sus conversaciones.

- Se alejan de su familia y de sus amigos. Se aíslan y son cada vez más reservados.

- Pueden fingir alergia a los alimentos; se vuelven quisquillosos en cuanto a la comida y deciden convertirse en vegetarianos estrictos.

- Pueden usar ropa holgada o muchas capas de ropa para ocultar sus cuerpos.

Señales fisiológicas

- Físico delgado y demacrado: El adolescente puede perder peso rápidamente (como lo demuestran sus ropas holgadas). Al progresar la pérdida de peso, el chico se verá demacrado y esquelético.

- Evidencia de signos de auto mutilación. Usará ropa que cubra los brazos y las piernas para ocultar las marcas. Puede mostrar signos de lesiones auto infligidas, tales como arañazos, laceraciones, quemaduras, cicatrices y otras. Recuerda: los anoréxicos pueden recurrir a extremos dolorosos para deshacerse del hambre.

- Pérdida o debilidad muscular: Cuando no queda grasa que quemar en el cuerpo, los músculos comienzan a deteriorarse. Es posible que los chicos anoréxicos tengan dificultad para levantar objetos pesados o realizar tareas extenuantes.

- Anemia: La sangre se verá afectada por la falta de hierro y otros minerales que necesita para estar sana. Cuando falta el alimento, la sangre no puede ser enriquecida.

- Fatiga crónica. Aun cuando descansen lo suficiente, siempre se sentirán cansados porque su cuerpo no está recibiendo el combustible apropiado (nutrientes, vitaminas y minerales) que necesita para funcionar eficientemente.

- Mareos y desmayos.

- Dolores de cabeza.

- Caída del cabello y uñas quebradizas: debido a la falta de nutrición, el cabello puede volverse frágil, quebrarse e incluso comenzar a caerse. Sus uñas también se debilitarán y se romperán con frecuencia.

- Piel seca y amarillenta debido a la desnutrición. Antes de esto, la piel de los brazos y de las piernas puede verse de color púrpura debido a la escasa circulación sanguínea.

- Baja presión arterial y temperatura corporal (el adolescente siempre tiene frío, incluso en días calurosos). Eso también puede dar lugar a un ritmo más lento del corazón y de la respiración.

- Crecimiento de lanugo, un suave vello blanco que cubre los brazos y el pecho. Esto sucede sobre todo cuando los anoréxicos están casi demacrados. El pelo crece como una medida de protección del cuerpo para mantener su temperatura normal. Cuando un adolescente pierde peso de forma drástica, su cuerpo no cuenta con el aislante suficiente que normalmente genera la grasa corporal para mantener una temperatura corporal saludable. Por lo tanto, el cuerpo reacciona mediante la creación de su propia «manta». El lanugo normalmente se observa en los recién nacidos. Se desarrolla como un mecanismo aislante en el vientre de la madre. El lanugo generalmente desaparece a medida que el bebé es amamantado y mantiene un peso saludable debido a una nutrición adecuada. El lanugo no es común fuera de la infancia, y es un signo evidente de anorexia.

- Problemas gástricos: estreñimiento severo o diarrea crónica.

- Dolor óseo y de las articulaciones.

- Curación lenta de las heridas.

- Amenorrea: falta de tres o más períodos menstruales consecutivos. El bajo peso corporal interrumpe muchas funciones hormonales normales, incluyendo la menstruación y la ovulación. Las madres suelen ser las primeras en notar este indicio porque son las que habitualmente compran los productos para la higiene femenina de su hogar. Si una adolescente esconde un trastorno alimenticio y no tiene la menstruación, no estará utilizando esos productos femeninos.

- En los hombres, el desorden alimenticio provoca una reducción hormonal que, como resultado, muestra evidencias de pérdida del deseo o apetito sexual.

1.6B BULIMIA NERVIOSA

Bulimia proviene de la raíz griega *bous*, que significa «buey», y de *limos*, que significa «hambre». La palabra literalmente significa «tener el hambre de un buey». Este término se usa porque los adolescentes bulímicos generalmente comen en exceso y luego tratan de purgar sus cuerpos de las calorías a través de una serie de medios nada saludables.

A diferencia de los anoréxicos, los bulímicos comen. Su peso no es excesivamente bajo como el de los anoréxicos, pero comparten con ellos el miedo a aumentar demasiado de peso, una imagen distorsionada de su cuerpo, y una baja autoestima.

Por lo general, un adolescente con bulimia pasa desapercibido porque aunque come, tiene un peso corporal estándar. Al igual que la anorexia, la bulimia es muy reservada. El adolescente con este trastorno vive con mucha culpa y vergüenza por sus hábitos alimenticios y por el temor de ser descubierto. El adolescente bulímico puede comer demasiado (o creer que ha comido demasiado) y luego vomitar todo. Como resultado, un bulímico comienza a carecer de la nutrición necesaria para mantenerse saludable. En ocasiones, es posible que el bulímico no se purgue inmediatamente, sino que utilice métodos de purga de acción más lenta. Eventualmente eso podría producir un aumento de peso, debido a que las calorías de su ingesta compulsiva ya han sido digeridas.

Como con cualquier trastorno de la alimentación, la comida, el peso, el ejercicio y la imagen corporal son las obsesiones de los bulímicos. Estos adolescentes a menudo se definen ellos mismos a través de sus defectos físicos e imperfecciones. Se comparan con personas que consideran más atractivas o que tienen cuerpos perfectos. Esas comparaciones continuas pueden conducir a un ciclo adictivo de alimentación inapropiada en el que el adolescente come compulsivamente y luego se siente culpable, lo que lo conduce a purgarse.

Los atracones de comida constituyen casi una adicción, ya que los adolescentes no pueden establecer limites ni detenerse en sus comportamientos alimentarios. Son capaces de ingerir grandes cantidades de comida en un corto tiempo, y a menudo sienten como si el comer estuviera fuera de su control; simplemente no pueden detenerse. Un chico bulímico puede consumir entre 3.000 y 5.000 calorías en una hora. Un episodio de atracones puede consistir en consumir cuatro o cinco litros de helado, cajas de galletas saladas, bolsas de caramelos o galletas dulces, docenas de donas, un pastel completo, o distintas combinaciones de estos alimentos en exceso, todo en una sola sentada o de una sola vez. Y aun cuando el adolescente bulímico se sienta enfermo, o dolorido por lo lleno que está y por la cantidad de alimento ingerido, seguirá consumiendo más comida.

A veces a estos atracones se los denomina «hiperfagia» o sobreingesta de alimentos. La hiperfagia, por lo general, está asociada con anormalidades médicas en el hipotálamo, lo que da como resultado un apetito incontrolable que hace que el individuo coma en exceso. Pero en el caso de la bulimia, la hiperfagia puede referirse solo a ingerir cantidades de comida más allá de lo normal o a comer en exceso. El purgarse después, se convierte en un medio de alivio para las molestias causadas por esos atracones.

La forma más común de purga es el vómito autoinducido. Los bulímicos ponen sus dedos en la garganta o recurren a otros medios, como la ingesta de huevos crudos o la bebida de sustancias que encuentran en el hogar (aceites de cocina o medicamentos como la ipecacuana) para provocar los vómitos. También pueden beber litros de refresco después de los atracones con el fin de incitarse arcadas. Cuando se produce el vómito, el cuerpo libera endorfinas (opiáceos naturales del cuerpo) que actúan como un analgésico, adormecen el dolor y producen una estimulación o sensación de euforia. A veces, también puede crear una falsa sensación de poder o de control. Esta descarga de endorfinas se convierte en la reacción o «euforia» que el bulímico busca después de comer en exceso.

Otras formas de purga pueden incluir el uso indebido y el abuso de laxantes y diuréticos, enemas frecuentes y la utilización del sauna como forma de eliminar calorías. Sin embargo, ninguno de esos métodos realmente purga las calorías, sino que solo deshidratan el cuerpo. La pérdida de agua hace que el adolescente pese menos, lo que produce una ilusión inmediata de pérdida de peso. Sin embargo, a la larga el cuerpo se hincha, ya que retiene líquidos a fin de compensar la deshidratación. Este ciclo puede resultar peligroso. Además, la absorción de calorías se produce en el intestino delgado, mientras que los laxantes solo afectan al intestino grueso, ayudando en la eliminación de las heces y alimentos no digeridos. Así que este tipo de purga también resulta ineficaz. Debido a que todas las funciones y sistemas corporales dependen del agua, los adolescentes que deshidratan su organismo de esta manera corren el riesgo de graves complicaciones médicas, e inclusive la muerte.

Un adolescente también puede padecer de una forma de bulimia que no incluya el purgarse. Seguirá dándose atracones, pero a menudo hará ayunos y practicará gimnasia en exceso como medio de eliminar las calorías y controlar el aumento de peso. El patrón que sigue un bulímico que no recurre a la purga, incluye dietas frecuentes (días sucesivos de comer poco o ningún alimento), seguidas de atracones. Las chicas que frecuentemente hacen dieta son doce veces más propensas a atracones que las que no la hacen.[20]

Según el Manual de Diagnósticos y Estadísticas de los Trastornos Mentales (DSM-IV-TR) las características de la bulimia son los siguientes:[21]

1. Episodios recurrentes de atracones de comida. Un episodio de atracón presenta las siguientes características:

   a) Comer durante un período específico de tiempo (por ejemplo, dentro del lapso de dos horas) una cantidad de comida decididamente más grande que lo que la gente suele comer durante un período similar bajo las mismas circunstancias.

   b) Una sensación de falta de control sobre la ingesta durante el episodio (por ejemplo, sentir que no se puede parar de comer, y que no hay control sobre qué o cuánto se come).

2. Conductas compensatorias inapropiadas y recurrentes con el fin de prevenir el aumento de peso, tales como vómitos autoinducidos, el uso incorrecto de laxantes, diuréticos, enemas u otros fármacos; ayuno o ejercicio excesivo.

3. Atracones y conductas compensatorias inapropiadas que ocurren, en promedio, al menos dos veces por semana durante un lapso de tres meses.

4. Una auto evaluación exageradamente influida por la forma del cuerpo y su peso.

5. La perturbación no ocurre exclusivamente durante los episodios de anorexia nerviosa.

Los adolescentes que participan en actividades de preeminencia o que deben estar en buena condición física (por ejemplo, bailarines, actores, deportistas) tienden a estar en mayor riesgo que otros. Algunos de los síntomas de la bulimia son comunes a todos los trastornos de la alimentación (abordados más adelante en este libro). Pero hay algunas señales psicológicas, fisiológicas y de comportamiento que caracterizan únicamente a la bulimia.

Señales psicológicas

- Profunda preocupación por la forma y el peso corporal.
- Auto imagen negativa y una perspectiva distorsionada del tamaño y de la forma del propio cuerpo.
- Baja autoestima e incapacidad para creer que se es valioso, amado y aceptado.
- Culpa, vergüenza, miedo, pánico y ansiedad como estados emocionales frecuentes.

Señales en el comportamiento

- Comportamientos secretos y aislamiento durante breves períodos. Los adolescentes bulímicos comen compulsivamente cuando están solos. A menudo en el medio de la noche, o en la intimidad de su dormitorio o baño. Generalmente, la bulimia requiere de una gran cantidad de tiempo a solas o en un aislamiento. Cuando se traspasa este límite, el adolescente se siente incómodo y alterado.
- Incursiones al baño inmediatamente después de las comidas para purgarse. Pueden dejar correr el agua o hacer ruido para cubrir el sonido de su vómito.
- Reservas de alimentos. Los padres pueden encontrar envoltorios y envases de comida junto con rastros ocultos de alimentos en el dormitorio del adolescente (debajo de la cama o el colchón, en los cajones de la cómoda, en los armarios) o en su coche. Los padres también notan que la comida suele desaparecer de sus alacenas.
- Ingesta de una cantidad inusual de alimentos con relativamente poco cambio de peso.

- Un exceso de ejercicio físico o la obsesión por estar en forma.

- Cuestiones de dinero. El chico gasta secretamente grandes cantidades de dinero en la compra de alimentos, o en viajes para comprar comida rápida. El bulímico siempre pide dinero o recurre a robar (como en el caso de la adicción a sustancias) para comprar alimentos. Al ser confrontado, inventa historias, miente, y es incapaz de dar cuenta de su dinero.

Señales fisiológicas

- El olor a vómito. Tratan de cubrirlo con el uso de perfumes fuertes, goma de mascar, pastillas de menta y hasta fumando. También intentan camuflar el hedor en el baño o en el dormitorio encendiendo velas o usando aerosoles para purificar el aire.

- Cambio frecuente de ropa a causa de la suciedad de los vómitos.

- Sus dedos y nudillos posiblemente tengan callos, cortes o cicatrices, causados por tanto introducir los dedos en la garganta para provocar el vómito. Los ácidos gástricos pueden agrietar sus manos y también llegar a cortarse los dedos con los dientes, como consecuencia de la fuerza ejercida por el vómito.

- Ojos hinchados e inyectados de sangre; vasos y capilares sanguíneos rotos en y alrededor de los ojos, debido a la fuerza ejercida por el vómito.

- Voz áspera o ronquera, como consecuencia de los daños causados en las cuerdas vocales por los vómitos. A menudo eso suele ir acompañado de un dolor de garganta crónico.

- Glándulas inflamadas en el cuello y debajo de la mandíbula, así como sialadenosis (inflamación de las glándulas salivales, que hace que la cara del adolescente y las mejillas se vean hinchadas o como las de una ardilla) causada por los vómitos constantes.

- Problemas dentales y en la boca ocasionados por los vómitos y por el reflujo ácido, incluyendo boca y labios agrietados, la erosión del esmalte de los dientes, caries y mal olor debido a los dientes podridos y a enfermedades en las encías.

- Intestinos sensibles, estreñimiento y diarrea resultantes del abuso de laxantes y diuréticos.

- Deshidratación.

- Desnutrición.

- Problemas renales como resultado del abuso de diuréticos. Los diuréticos pueden causar un desequilibrio en los electrolitos y niveles bajos de potasio, lo que también puede dar lugar a una arritmia cardiaca y a una cantidad de otros problemas del corazón.

1.6C TRASTORNO POR ATRACÓN COMPULSIVO

Este trastorno a veces se denomina «compulsión por la comida», y es similar a la bulimia en cuanto a que el adolescente tiene una incontrolada obsesión por comer en exceso. Los episodios de atracones tienen la misma descripción que en la bulimia. Sin embargo, la diferencia reside en que el adolescente no se purga, ni hace dieta, ni ayuno, ni ejercicios después del atracón, por ende resulta en un chico obeso o muy excedido de peso.

Los adolescentes con sobrepeso pueden tener dificultades para integrarse a un grupo de jóvenes. Además de sentirse mal con ellos mismos, tener baja autoestima y creer que son anormales, los adolescentes obesos luchan contra la falta de aceptación, las burlas, el hostigamiento escolar y el ser puestos en ridículo. A menudo, estos jóvenes experimentan ese mismo tipo de trato dentro de sus propios grupos de jóvenes. Las personas que trabajan con jovencitos deben comprender que ayudar a estos muchachos implica crear un ambiente seguro. Por desgracia, los que tienden a comer en exceso frecuentemente tratan de encontrar consuelo en la comida.

Según el Manual de Diagnósticos y Estadísticas de los Trastornos Mentales, las características del trastorno por atracón compulsivo son las siguientes:[22]

1. Episodios recurrentes de atracones de comida, que se caracterizan por:

   • Comer una mayor cantidad de alimentos de lo normal durante un corto tiempo (en el lapso de dos horas).

   • Una falta de control durante el episodio de atracón (en otras palabras, la sensación de que uno no puede dejar de comer).

2. Los episodios de atracones de comida se relacionan con tres o más de los siguientes aspectos:

   • Comer hasta sentirse incómodamente lleno.

   • Comer grandes cantidades de alimentos sin estar físicamente hambriento.

   • Comer mucho más rápido de lo normal.

   • Comer solo, porque se siente vergüenza por lo mucho que se está comiendo.

   • Sentirse disgustado, deprimido o culpable después de comer en exceso.

3. Experimentar angustia en exceso por comer compulsivamente.

4. Los atracones de comida se producen, en promedio, al menos dos días a la semana durante seis meses.

5. Los atracones de comida no están asociados con el uso regular de conductas compensatorias inapropiadas (por ejemplo, purgas o excesivo ejercicio físico), y no se producen exclusivamente durante el curso de la bulimia nerviosa o anorexia nerviosa.

Algunas de las complicaciones fisiológicas que resultan del trastorno por atracón compulsivo y de la obesidad son:

- Presión arterial alta y enfermedades del corazón
- Diabetes
- Colesterol alto
- Enfermedad vesicular
- Problemas de sueño
- Dolor en los músculos, huesos y articulaciones
- Dolores de cabeza
- Problemas digestivos

1.6D TRASTORNOS ALIMENTARIOS NO ESPECÍFICOS (TANE)

Esta categoría de trastornos de la alimentación abarca todos los otros desórdenes alimenticios que no cumplen con los parámetros de la anorexia nerviosa o de la bulimia nerviosa.

El ejercicio físico excesivo (También puede ser denominado «ejercicio compulsivo», «ejercicio obligatorio», o «anorexia atlética»). Muchas veces este trastorno se produce en conjunto con algún otro trastorno de la alimentación, pero también puede aparecer solo. El ejercicio compulsivo es capaz de convertirse en una adicción y producir los mismos efectos. Los adolescentes que practican ejercicios excesivos tienen motivos equivocados para exponer sus cuerpos a tanto rigor:

- A menudo se sienten frustrados por su imagen corporal o su apariencia.
- Sienten una sensación de debilidad o falta de control que creen que podrán superar a través del ejercicio.
- Es posible que tengan una pobre o baja autoestima.
- Utilizan esa ejercitación como una forma de escapar al dolor emocional.

El fenómeno tras el ejercicio excesivo es que llega un momento en que el adolescente no ve el ejercicio como opcional sino como esencial y necesario para su supervivencia. Los adolescentes que sufren esta adicción tienden a sentir pánico, ansiedad, depresión, culpa, nerviosismo e incluso temor si pierden la ocasión de hacer ejercicio. Esto, en gran medida, puede deberse a la liberación de endorfinas que a menudo sucede al final de un trabajo riguroso. Las endorfinas actúan como analgésico natural del cuerpo, reduciendo al mínimo el dolor, aliviando el estrés y la ansiedad, y creando una euforia o sensación de bienestar. Las endorfinas se convierten en la droga de elección, y los adolescentes que realizan ejercicios en exceso aprenden rápidamente que un programa prolongado de ejercicios realizado a diario les da el escape que necesitan de las preocupaciones de la vida. Como cualquier adicción, un chico que tiene una obsesión por practicar ejercicios puede faltar a la escuela, ignorar las responsabilidades esenciales, aislarse de amigos y familiares, y desatender las obligaciones sociales con el fin de hacer ejercicios físicos. Los efectos del exceso de ejercicio pueden incluir cansancio crónico, disminución del rendimiento en otras habilidades, pérdida del apetito, problemas gastrointestinales, dolores de cabeza, deficiencia del sistema inmunológico, problemas respiratorios, problemas cardiovasculares, pérdida de peso, disminución en el tono muscular, daño muscular, daño óseo y de las articulaciones, así como también una serie de daños psicológicos que generalmente acompañan a las adicciones.

Algunos de los signos comunes de una adicción al ejercicio son:

- Aislamiento y separación de los demás, especialmente al realizar sus ejercicios. Los adolescentes que hacen ejercicios de una manera excesiva los realizan solos.

- Reserva. Al igual que en el caso de un trastorno alimenticio, los adolescentes pueden llegar a ser reservados sobre su ejercitación y no revelar lo que están haciendo. Suelen practicar sus ejercicios en lugares aislados como el garaje o el ático y se despiertan a la mitad de la noche para hacerlos sin ser descubiertos.

- Obsesión por la pérdida de peso, la imagen corporal o la ingesta y la eliminación de calorías.

- Seguir y mantener constantemente los mismos patrones rígidos y rutinas de ejercicio.

- Hacer ejercicios durante más de dos horas varias veces a lo largo del día, y todos los días.

- Ejercitarse continuamente más allá del umbral de dolor e incluso cuando están enfermos o heridos. También pueden presentarse lesiones físicas.

- Faltar a la escuela, al trabajo o a sus actividades sociales para practicar sus ejercicios.

Complejo de Adonis. Un grupo de profesores e investigadores de la Universidad de Harvard acuñó este término después de percibir un aumento en esta obsesión compleja que ocurre entre los hombres (a partir de la adolescencia) y de otros problemas asociados a la imagen corporal. En la mitología griega, la fuerza y el cuerpo perfecto del dios Adonis personificaban el ideal de masculinidad. Por lo tanto, el complejo de Adonis se refiere a la creciente obsesión que muchos hombres tienen con conseguir ese ideal y los métodos que utilizan para hacerlo. Esto incluye el ejercicio en exceso, el levantamiento de pesas compulsivo, el uso y abuso de esteroides, los patrones de alimentación disfuncionales, y la dismorfia muscular o corporal.

La dismorfia muscular es un trastorno obsesivo-compulsivo en el que una persona (por lo general un hombre) cree que su cuerpo es pequeño, débil y subdesarrollado. No importa lo que haga, sigue creyendo que todavía es demasiado pequeño y nunca es lo suficientemente musculoso. La obsesión aparece cuando intenta corregir este asunto a través de medios poco saludables. En cierto modo, este trastorno es la contraparte de la anorexia. Mientras la anorexia afecta principalmente a las mujeres que creen que nunca están lo suficientemente delgadas, la dismorfia muscular afecta a muchos hombres que creen que nunca son lo suficientemente musculosos. Por esa razón, este trastorno es a veces llamado «vigorexia nerviosa» o «anorexia nerviosa inversa» por la cultura popular. La mayoría de los hombres que padecen del complejo de Adonis están en muy buena forma física y tienen sus músculos bien definidos. Pero el trastorno de la imagen corporal, especialmente en los adolescentes, está relacionado con una visión culturalmente distorsionada de la identidad masculina, que afirma que el hombre debe ser grande y fuerte. Los muchachos adolescentes que tienen el complejo de Adonis intentan casi constantemente convertirse en el hombre ideal, pero nunca se sienten satisfechos por los resultados. Esta lucha implacable resulta muy peligrosa cuando lleva a los adolescentes a tomar esteroides o medicamentos para definir sus músculos y comer de manera disfuncional, incluso cuando son plenamente conscientes de las consecuencias letales que provocan sus acciones.

Al igual que en los otros trastornos de la alimentación y de la imagen corporal abordados en este libro, los adolescentes con dismorfia muscular hacen ejercicios en exceso, incluso cuando están lastimados. Su preocupación por la insuficiencia de su físico y la obsesión por corregirlo, interfieren con la escuela, su rendimiento laboral, sus relaciones y su habilidad para enfrentar las funciones normales de la vida y los placeres.

A menudo se pueden sentir paranoicos, creyendo que todo el mundo juzga su cuerpo como poco varonil o débil. También son capaces de obsesionarse con el consumo de los «alimentos adecuados». Con el tiempo eso lleva a una dieta más restringida y a un incremento en el consumo de suplementos de vitaminas.

Al igual que con otros trastornos alimenticios, los adolescentes que tienen un complejo de Adonis sufren de estrés y ansiedad cuando sus rutinas alimenticias son reprimidas o alteradas. Algunos de los síntomas, no mencionados anteriormente, pueden incluir:

- Miedo a quitarse sus camisas o desnudarse en público, porque temen ser ridiculizados por su menor tamaño. En realidad, su obsesión por el levantamiento de pesas hace que sus músculos estén bien definidos o sean más grandes de lo normal, lo que a menudo llama la atención. Pero los adolescentes con este trastorno creen erróneamente que lo que llama la atención es el ridículo que están haciendo. Como resultado, evitan ir a la playa, a la piscina, o utilizar los vestuarios.

- Utilización de ropa holgada, en un intento por ocultar su físico.

- En ocasiones, presencia de lesiones por hacer demasiados ejercicios, pero sin someterse a ningún tratamiento.

- Temas de conversación siempre referidos al ejercicio físico y a la forma y el tamaño corporal. Constantemente se comparan con los muchachos más grandes que suelen encontrar en las revistas de físico culturismo.

- Evitar ir a eventos en los que se sirven alimentos, o llevar su propia comida en forma de suplementos (como creatina o proteína en polvo) que se diluyen en agua.

- Manera compulsiva de comer, sometiéndose luego a purgas.

- Inversión de grandes cantidades de dinero en suministros de físico culturismo, como pesas, productos de aseo personal, suplementos, e incluso medicamentos como los esteroides anabólicos.

- El muchacho adolescente que está usando esteroides puede tener otros síntomas más, como visión borrosa, alucinaciones, hinchazón y retención de líquidos, problemas de acné o de la piel, mareos, calambres musculares y dolor de las articulaciones, ictericia (color amarillo de la piel y ojos), pérdida del deseo sexual, cambios de estado de ánimo, depresión, y comportamientos agresivos acompañados de ira y enojo (algunas veces denominados «rabia de los esteroides»).

Ortorexia nerviosa. Se trata de una obsesión por comer solo los alimentos adecuados o, según la opinión de la persona con este trastorno, comer exclusivamente alimentos naturales y saludables. La ortorexia nerviosa va más allá de la alimentación saludable y se convierte en una obsesión de vida que refleja algunos de los síntomas de la adicción. Los adolescentes que presentan este trastorno más que ser conscientes de la salud están comprometidos con un trastorno alimenticio mucho más peligroso y potencialmente mortal. Esta obsesión por la comida, como otras, interfiere con el funcionamiento diario, las relaciones saludables, la habilidad de enfrentar situaciones y la buena salud mental y física.

La ortorexia nerviosa es un descubrimiento relativamente nuevo, que concitó la atención de la comunidad de la salud médica y mental a mediados de los años 90. El término proviene de la raíz griega *orto*, que significa «apropiado, justo o correcto» y *orexis*, que significa «apetito». Por lo general, la ortorexia ocurre durante la adolescencia, cuando un chico decide volverse vegetariano. A medida que la obsesión continúa, el jovencito se vuelve vegano (vegetariano estricto que no come ningún animal ni producto de origen animal), y luego la dieta se hace aún más restringida componiéndose de solo unos pocos alimentos. Es importante tener en cuenta que los estilos de vida vegetariano o vegano no son dañinos ni ortoréxicos. Sin embargo, la ortorexia en los adolescentes, por lo general, comienza con una interpretación incorrecta de la alimentación restringida.

Un adolescente ortoréxico, a diferencia de un adolescente anoréxico, no está preocupado por la *cantidad* de alimentos que consume, sino por su *calidad*. Los adolescentes ortoréxicos pueden restringir su dieta a unos pocos alimentos aceptables. Los criterios para decidir qué alimentos son «adecuados» forman parte de la obsesión. Los adolescentes pueden negarse a comer cualquier cosa que no sea orgánica u obsesionarse por conocer el tratamiento que reciben los alimentos al ser cultivados. A veces, el trastorno incluye una aversión a comer algo cocinado, admitiendo solo los alimentos crudos como los únicos aceptables o «adecuados» para ser ingeridos. Por tal razón, un ortoréxico puede comer su ración de alimentos «apropiados» aunque no le gusten.

Al igual que un anoréxico, el ortoréxico comenzará a perder mucho peso y creerá que este resultado es producto de una vida pura, natural y saludable. Como lo mencioné anteriormente, este trastorno, como muchos de los otros trastornos de la alimentación, por lo general comienza en la adolescencia. El adolescente puede anunciarle a su familia y amigos que ha restringido su dieta a una dieta vegana. Critica las comidas de la familia y rechaza los alimentos poco saludables. Algunos padres interpretan este comportamiento solo como una etapa por la que él atraviesa, o creen que el adolescente se está volviendo más quisquilloso para comer.

A medida que la enfermedad progresa, los adolescentes pueden comenzar a perder peso, verse demacrados, sufrir de deficiencias vitamínicas y de una cantidad de otras consecuencias físicas causadas por el hambre. Este trastorno, por lo general, tiene muchos de los síntomas de la anorexia, lo que lleva a algunos médicos a creer que es solo una variante de la anorexia. Sin embargo existe una diferencia esencial: el adolescente come mucho.

Algunas de las señales que indican que estamos ante una ortorexia son las siguientes:

- Se preocupan más por el tipo de alimentos que consumen que por su sabor o el placer de la comida en sí.

- Categorizan los alimentos en «buenos» o «malos» y reevalúan sus decisiones constantemente, considerando malos aquellos alimentos que alguna vez fueron «buenos».

- Se sienten más capacitados que los demás. Por lo tanto, es muy probable que no solo muestren superioridad y un aumento de la autoestima, sino que también parezcan más felices porque están siguiendo rigurosamente su dieta y comiendo los alimentos adecuados.

- Ponen en riesgo sus relaciones y las responsabilidades de la vida por planificar sus comidas o por no comer algo que creen que no deben.

- Restringen cada vez más sus dietas.

- Temen que habrá resultados negativos o dañinos si comen los alimentos equivocados.

- Se obsesionan por investigar los alimentos. Incluso llaman a las compañías de comidas, a los productores, a los restaurantes, y a los procesadores para preguntar acerca de ingredientes ocultos, sustancias químicas o posibles contaminantes en los alimentos.

- Creen que están viviendo un estilo de vida saludable, algo similar a lo que cree un adolescente con anorexia.

Pica. Este trastorno se caracteriza por la ingestión de sustancias no nutritivas durante un periodo de uno o más meses por parte de alguien que está en una edad en la que ese comportamiento resulta inapropiado para su desarrollo. Una persona con este desorden alimenticio ingiere, mastica y traga materiales no alimenticios o no nutritivos que incluyen (aunque no se limitan a ellos) tierra, arena, arcilla, tiza, engrudo, pegamento, plástico, madera, papel, gomas de borrar, bandas elásticas, vidrio, rocas, piedras, jabones y detergentes para la ropa, colillas de cigarrillos, café molido, cuerdas, objetos metálicos como clips y agujas, cabellos, uñas de las manos y de los pies, e incluso heces. La pica es en gran parte desconocida, porque a menudo no se reportan los casos que ocurren, debido a que muchas veces no se la considera un trastorno alimenticio en lo absoluto. Muchas veces se la considera como síntoma de algún otro problema o como una estrategia para llamar la atención. La pica no está vinculada con un genero especifico. Es decir que tanto los hombres como las mujeres pueden padecer de este desorden. Tampoco se presenta en un rango de edad específico; tanto los niños, como los adolescentes y los adultos pueden sufrir de este trastorno. Pero se lo encuentra más comúnmente entre los menos favorecidos o sin educación, que carecen de alimentos nutritivos y de educación nutricional. En este caso, la pica se produce como resultado del hambre y de la desnutrición.

A veces la pica también está asociada con el retraso mental o el autismo. Y si bien hay una cierta evidencia que apunta al desarrollo de pica en las niñas adolescentes embarazadas como resultado de una deficiencia de minerales en sus sistemas, este hallazgo no es concluyente ni verificable.

Muchos especialistas en salud mental están comenzando a creer que cuando una persona que no padece de disfunción cerebral presenta esta condición (lo que es raro), esta conducta debería entrar en la categoría de un trastorno obsesivo-compulsivo, más que en la de un trastorno alimenticio. Los efectos a largo plazo pueden incluir toxicidad por ingesta de materiales tóxicos; complicaciones del tracto gastrointestinal, tales como úlceras, perforaciones y hemorragias; problemas del intestino, obstrucciones intestinales y bezoares o masas que puedan quedar atrapadas en el sistema gastrointestinal; infección por la ingesta de materiales contaminados; infestación parasitaria por ingesta de materiales tales como la tierra, que alberga lombrices intestinales y otros parásitos; y abrasiones o fracturas dentales, piezas dentales rotas, e incluso la pérdida de los dientes.

El síndrome de Prader-Willi. Este es un trastorno genético que causa hiperfagia, o un aumento en el apetito, provocado por una disfunción del hipotálamo. La hiperfagia no le permite al individuo sentir sensación de saciedad. Como resultado, la persona experimenta hambre crónica, que a menudo la conduce a acaparar, robar y esconder comida. También puede llevar a la persona a comer alimentos inadecuados, como alimentos para mascotas. Los adolescentes con el síndrome de Prader-Willi sufren de obesidad, falta de estatura, retraso en la pubertad, deficiencia del tono muscular, retraso mental leve o dificultades de aprendizaje, diabetes y problemas dentales. También pueden experimentar comportamientos obsesivo-compulsivos y trastornos del sueño.

Los niños con este trastorno suelen ser amables, amorosos y obedientes. A medida que pasan a la adolescencia, pueden volverse socialmente complicados, obstinados y desobedientes, debido a la hiperfagia. Como este es un trastorno genético, no hay manera de corregirlo; pero una persona puede vivir satisfactoriamente con él, asistir a la escuela y tener un trabajo. También existen ciertas terapias hormonales que pueden ayudar con el problema del retraso en el crecimiento. Los líderes de jóvenes deberían tener en cuenta que, aunque es un trastorno poco frecuente, puede haber una familia en su congregación cuyo adolescente obeso sufra de esta anomalía.

Síndrome de comer dormido. A veces conocido como «trastorno de la alimentación nocturna relacionado con el sueño» o NS-RED (Nocturnal Sleep-Related Eating **Disorder**). **E**ste trastorno combina el sonambulismo con un desorden alimenticio. Las personas con este trastorno suelen levantarse en medio de la noche y comer sin ser conscientes de sus actos. Incluso pueden cocinar los alimentos mientras están dormidos. El comer tarde en la noche suele ser característico de los atracones, y muchas veces los alimentos que consumen son altos en azúcares y grasas, lo que resulta en obesidad o sobrepeso. Este trastorno generalmente afecta hacia fines de la adolescencia, y es más común entre las mujeres. Se puede tratar, ya sea, farmacológicamente o con intervención terapéutica, sin el uso de medicamentos.

Síndrome de alimentación nocturna. Es diferente al «trastorno de la alimentación nocturna relacionado con el sueño» (NS-RED) porque el individuo está despierto cuando come. Las personas que lo padecen tienden a ser obesas o a tener sobrepeso. También suelen comer compulsivamente, pero están conscientes y despiertos durante el episodio del atracón. Los que ingieren alimentos por las noches suelen mostrar anorexia diurna (no comen nada durante el día), pero luego comen en exceso durante la noche. Este trastorno también suele estar marcado por el insomnio. Muchas veces el que come por la noche experimenta ansiedad, estrés, depresión y culpa.

1.7 Síntomas comunes

Aunque los trastornos alimenticios específicos pueden tener síntomas exclusivos, casi todos presentan muchos de los siguientes:

- Aumento o pérdida de peso.
- Preocupación u obsesión por la comida, el ejercicio, la forma del cuerpo, la imagen o el peso, lo que se hace evidente en sus conversaciones, comportamientos y actitudes.

- Fluctuación constante del peso, que oscila entre 4 y 7 kilos.

- Problemas dentales.

- Conciencia distorsionada de su imagen corporal (pueden estar a disgusto con la forma y el tamaño de su cuerpo, y burlarse de ellos mismos).

- Caída del cabello o uñas quebradizas, junto con otros signos evidentes de mala nutrición.

- Hábitos alimenticios inusuales o inconsistentes, como saltarse comidas, comer solo una clase de alimentos y contar calorías.

- Ocultarse y aislarse, especialmente (aunque no exclusivamente) a la hora de comer.

- Cambios de humor, ansiedad, miedo, culpa, vergüenza y depresión son también características emocionales comunes.

- Amenorrea en las mujeres y una disminución del deseo sexual en los hombres.

1.8 Los varones y los desórdenes alimenticios

La mayoría de la gente cree que los chicos están exentos de padecer trastornos de la alimentación. Eso, por lo general, proviene de una visión social que considera que los varones, especialmente los adolescentes, son máquinas de comer. Hay una mística que asocia la fanfarronería masculina con el comer mucho. Rara vez escuchamos que los muchachos adolescentes estén a dieta. Esa imagen bravía hace más fácil para un hombre ocultar su alimentación disfuncional, a la vez que engaña a los adultos para ni siquiera piensen en la posibilidad de un trastorno alimenticio. Cuando hay sospechas de un trastorno de la alimentación, los chicos adolescentes y sus padres suelen mostrarse renuentes a buscar tratamiento, debido al estigma social de que es una «cuestión femenina». Si los líderes de jóvenes van a ayudar de manera eficaz a los adolescentes, será preciso luchar contra este estigma y ser conscientes de que se pueden encontrar con muchachos adolescentes que padecen de trastornos de la alimentación en sus propios grupos de jóvenes.

Además, ahora vemos una tendencia en la que el cuerpo masculino se está convirtiendo cada vez más en un ícono hiper sexual en el mercado. La imagen perfecta, esculpida, de un súper modelo ha comenzado a marcar el estándar no solo de la imagen que debería tener un hombre, sino también de cómo debería ser la bravuconería masculina. Esto tiene el mismo efecto sobre los hombres que el fenómeno de la emulación a las supermodelos tiene sobre las mujeres. Muchos hombres tratan de convertirse en lo que ven.

Los síntomas de los desórdenes alimenticios son los mismos, independientemente del género de la persona. Sin embargo, una diferencia importante es que los chicos pueden recurrir a los atracones y a las purgas como si fuera solo algo propio de la edad. Muchos estudiantes que practican deportes organizados por categorías de peso, recurren abiertamente a comer compulsivamente y a purgarse. Este tipo de comportamiento es considerado como otra manera en la que los jóvenes abofetean sus cuerpos con el fin de ser fuertes y dar un buen rendimiento deportivo. A menudo, los entrenadores ven este comportamiento solo como una parte de la actividad atlética masculina, y consideran la pérdida de peso excesiva como beneficiosa para el rendimiento del adolescente.

Además los varones adolescentes rara vez enfrentan el desafío de ser definidos por sus cualidades de carácter (especialmente las cristianas como el amor, la compasión, la bondad, la humildad, la paciencia, la mansedumbre, y el dominio propio) porque esas características son vistas como típicos rasgos femeninos. Así, cada vez más chicos eligen ser identificados por su apariencia exterior. Ellos creen que la fuerza física junto con una espalda en «V», abdominales marcados, pectorales esculpidos, brazos musculosos, y piernas atléticamente definidas, los hace más aceptables como hombres. No se les enseña que la masculinidad es más amplia que la propia apariencia física. Muchos adolescentes reciben el mismo falso mensaje que las chicas han estado recibiendo por años: El aspecto físico determina tu valor y valida tu género.

Los jovencitos que practican deportes individuales de alta resistencia o deportes en los que las categorías son por peso están expuestos a un riesgo mayor en cuanto a desarrollar trastornos alimenticios. Van a recurrir a comer compulsivamente y a purgarse para reducir su peso, a ayunar, o a los atracones para aumentar y así llegar al peso necesario. En el proceso, muchos chicos se dejan atrapar por el Complejo de Adonis y experimentan una dismorfia muscular. Muchos más son víctimas de trastornos de la alimentación porque tienen una baja autoestima, se sienten deprimidos, y usan la comida como un mecanismo de defensa. Y una cantidad de otros problemas psicológicos.

1.9 Efectos de los trastornos alimenticios

Los trastornos alimenticios se pueden tratar. Pero como he men-cionado anteriormente, el tratamiento es tan complejo como el trastorno. Aunque se trate de un proceso intensivo a lo largo de un período de tiempo, una persona que sufra una patología de este tipo puede volver a estar sana. Pero si un trastorno de la alimentación no se atiende, o si el adolescente en cuestión no hace caso del plan de tratamiento, se puede generar una serie de problemas fisiológicos.

CRECIMIENTO ÓSEO Y MUSCULAR

Un trastorno de la alimentación no solo debilita los huesos y los músculos, sino que también puede afectar el desarrollo del chico. Los trastornos alimenticios pueden hacer que mermen ciertas hormonas esenciales para el crecimiento normal y saludable del cuerpo. Un preadolescente o adolescente que padece de un trastorno de la alimentación corre el riesgo de que su crecimiento fisiológico se vea impedido.

ENFERMEDADES CARDIOVASCULARES

Esto puede comenzar con una presión arterial alta y ciertos niveles de colesterol. Es posible que los adolescentes también desarrollen una tolerancia anormal a la glucosa. La pérdida drástica de peso afecta el proceso de enriquecimiento de la sangre, lo que puede conducir a una anemia y a un sistema inmunológico debilitado. Cuando una persona pierde una gran cantidad de peso, se produce una disminución de la grasa corporal almacenada. Por lo tanto, el cuerpo responde desgarrando los músculos, lo que incluye al músculo del corazón. Por el contrario, cuando alguien aumenta mucho de peso, el corazón se ve forzado a trabajar más arduamente. Por consiguiente, el continuo aumento y disminución en el peso de una persona puede debilitar profundamente el corazón y tener consecuencias que van desde la mala circulación a un mayor riesgo de ataque cardíaco.

DESNUTRICIÓN

Aunque lo más frecuente sea creer que un adolescente anoréxico corre el riesgo de estar desnutrido, los que sufren de bulimia e incluso de trastornos por atracones, también pueden verse expuestos a lo mismo, a pesar de que mantengan un peso estable o incluso lo aumenten. El organismo de una persona que tiene episodios de atracones (y se purga) absorbe los nutrientes, sin embargo, el buen o mal aprovechamiento dependerá del contenido de lo que ingiera.

Uno de los signos principales de la desnutrición es el cambio en el metabolismo normal del cuerpo. La producción de hormonas tiroideas se modifica, como un mecanismo natural de protección, reduciendo los requerimientos calóricos del cuerpo. De hecho, el cuerpo almacena los nutrientes buenos, pero de todos modos los desechos van a parar al organismo del adolescente. La temperatura del cuerpo, el enriquecimiento de la sangre, la función cardiaca y la presión sanguínea se ven afectados cuando el metabolismo cambia, porque requieren de un nivel calórico superior para funcionar a la perfección.

Mientras continúe la mala nutrición, el tamaño y la función de los diversos órganos internos se verán afectados. El cerebro, los riñones, los órganos reproductores y el corazón pueden disminuir en masa, lo que compromete su funcionamiento. Además, otros órganos como el hígado, pueden aumentar su contenido graso, lo que compromete su accionar. La densidad de los huesos también se ve afectada, lo que produce debilidad ósea y dolor en las articulaciones. También se pueden observar otros signos de desnutrición como pérdida del cabello, uñas quebradizas, sensación de frío todo el tiempo, dolores de cabeza, mareos o desmayos, problemas de la piel, fatiga constante, ictericia, estreñimiento u otros problemas intestinales, así como la pérdida de la menstruación en las niñas y la disminución de la libido sexual en los varones.

DAÑOS EN EL SISTEMA DIGESTIVO

El purgarse mediante el vómito inducido destruye todo el tracto digestivo. La boca y el esófago son sobreexpuestos al ácido gástrico, lo que genera úlceras, erosiona el esmalte dental y quema la superficie de las zonas afectadas. La arcada generada por los vómitos incitados puede producir un desgarro en el revestimiento del estómago y del esófago. Las glándulas salivales también se inflaman debido al aumento de la producción de saliva para contrarrestar el trauma en la boca y la garganta. Esta inflamación puede hacer que la mandíbula, la garganta e incluso las mejillas se vean hinchadas. Es factible que el sistema digestivo esté aún más comprometido por el uso de diuréticos y laxantes. La pérdida de líquidos ocasionada por el constante uso de estos productos, compromete la función de los intestinos. El que los utiliza, al principio tiene diarrea, pero luego sufre de estreñimiento, lo que aumenta la necesidad de laxantes y coloca al adolescente afectado en un ciclo peligroso. Los diuréticos y laxantes también provocan una pérdida de líquidos y electrolitos, o deshidratación, tema del que hablaremos a continuación.

DESHIDRATACIÓN

Los electrolitos son sustancias del cuerpo (tales como potasio, sodio, cloruro y bicarbonato) que regulan el flujo apropiado de la corriente eléctrica normal y se activan en los fluidos corporales. Por lo tanto, el equilibrio de electrolitos es esencial para la función normal de las células y los órganos. La deshidratación (o sea, la pérdida de electrolitos), como resultado de cualquier purga, o la falta de una adecuada nutrición, puede dar lugar a calambres musculares, convulsiones y finalmente, arritmia o insuficiencia cardiaca.

La falta de sed no es el único indicador posible de una deshidratación en el individuo. Los profesionales de la salud dicen que el mejor barómetro es el color de la orina. Si la orina es clara y ligeramente amarilla, esa persona está bien hidratada. Si es de color amarillo oscuro a color ámbar, entonces hay signos de deshidratación.

Los síntomas de deshidratación son boca reseca, cansancio o somnolencia, debilidad muscular, disminución de la orina, ojos hundidos, presión arterial baja, alta frecuencia cardiaca, mareos o delirio. Si no se recibe tratamiento médico, la deshidratación puede conducir a una insuficiencia cardiaca, edema cerebral (hinchazón del cerebro), convulsiones, insuficiencia renal, disminución de la presión arterial, shock hipovolémico (falta de sangre oxigenada para enriquecer los tejidos del cuerpo), estado de coma y hasta la muerte.

MUERTE

Los desórdenes alimenticios son mortales. Al observar la vasta lista de posibles efectos nocivos que produce la falta de una nutrición adecuada, y al conocer las necesidades del cuerpo cuando se realizan ejercicios extenuantes, nos damos cuenta de que el abuso puede ocasionar la muerte. Creer que la muerte a causa de un trastorno alimenticio siempre es un proceso lento demuestra nuestra ignorancia.

El daño que se produce en el cuerpo del adolescente puede debilitar su corazón y llevarlo a que cualquier estrés físico o emocional le cause un ataque cardíaco repentino. Incluso mientras estaba escribiendo este libro, los titulares de las noticias informaban sobre un chico que cayó muerto en el campo de fútbol americano debido al exceso de ejercicio. La apariencia externa de un adolescente no siempre es un buen indicador del daño interno que está produciendo esta enfermedad mortal.

1.10 Problemas psicológicos adjuntos

Al principio de este libro, señalé que los trastornos alimenticios tienen comorbilidad con otras cuestiones, problemas o trastornos. Comorbilidad significa que hay un problema adicional que ocurre simultáneamente con el trastorno alimenticio. A menudo un problema fomenta otro o repercute sobre él. Por eso, el tratamiento de un trastorno de la alimentación puede resultar complejo y requerir de mucho tiempo. Es importante que las personas que viven o trabajan con adolescentes sean conscientes de los problemas que presentan una comorbilidad.

PROBLEMAS DE ESTIMA

Las personas que padecen de desórdenes alimenticios suelen tener problemas de baja autoestima. Tienden a verse a ellos mismos como menos valiosos o importantes que los demás. Las personas con baja autoestima se autodefinen por sus faltas, fracasos, defectos, incapacidades y debilidades, o por lo que no son o no tienen. Los adolescentes con una pobre autoestima participan de un constante diálogo interno negativo y crítico. Esos mensajes están tan arraigados en sus corazones y mentes que a menudo necesitan de una terapia intensiva que los ayude a autoevaluarse con precisión y replantear su forma de pensar.

TRASTORNO OBSESIVO COMPULSIVO

Se trata de la repetición de pensamientos o imágenes no deseados, y de comportamientos descontrolados. A menudo, estas preocupaciones u obsesiones y conductas rituales descontroladas, o compulsiones, resultan tan invasivas que alteran el estilo de vida del individuo, las rutinas normales, las relaciones y la capacidad de hacerle frente a diversas situaciones. Alguien con un trastorno obsesivo-compulsivo vive a menudo con altos niveles de ansiedad, miedo y terror.

TRASTORNOS DEL HUMOR

Los adolescentes con trastornos de alimentación también pueden experimentar un trastorno depresivo grave, un trastorno de ansiedad o un trastorno bipolar.

- La depresión grave es una sensación persistente y abrumadora de tristeza, pérdida o derrota que deteriora la calidad de vida, así como las funciones normales de la vida. La depresión grave puede llevar a tener ideas e intentos de suicidio.

- El trastorno de ansiedad se presenta cuando un adolescente siente un estrés persistente y abrumador por las rutinas y decisiones cotidianas. La ansiedad también puede ir acompañada de miedo, pánico y terror. Muchas veces este trastorno lleva a que la vida se vuelva inútil y se paralice.

• El trastorno bipolar es una depresión cíclica en la que el adolescente fluctúa entre episodios maníacos (altos) y episodios depresivos (bajos). Los episodios maníacos pueden estar marcados por un juicio irracional, por asumir riesgos, y hasta por ataques de ira y enojo. Los episodios depresivos pueden anular al adolescente y conducirlo a abrigar ideas o pensamientos de suicidio y hasta a contemplar la posibilidad de llevarlas a cabo. (Es posible hallar más información sobre este tema en otro libro de esta serie titulado *¿Qué hacer cuando los adolescentes se deprimen y contemplan el suicidio?*).

TÉCNICAS INADECUADAS AL ENCARAR SITUACIONES

Las técnicas para encarar o confrontar situaciones se refieren a los procesos de pensamiento y al conjunto de comportamientos utilizados para abordar eficazmente las circunstancias negativas de la vida. Estas técnicas nos ayudan a atravesar las tragedias y los traumas, los conflictos relacionales y las situaciones dolorosas o estresantes de la vida. Una técnica positiva al confrontar situaciones puede ser buscar el consejo de gente informada, mientras que una técnica negativa sería ignorar el problema. Para muchos adolescentes que padecen de desórdenes alimenticios, sus comportamientos de alimentación se convierten en una técnica negativa. Dicho de otra forma, el recurrir a malas técnicas de confrontación de los problemas puede empeorar los hábitos alimenticios descontrolados. Los adolescentes aprenden comportamientos positivos al observar a aquellos amigos y familiares que considera saludables (mediante el ejemplo) y a través de la intervención directa (mediante la enseñanza) de los adultos que se preocupan por ellos.

ABUSO SEXUAL

Los adolescentes que han sido víctimas de abuso sexual también pueden padecer de desórdenes alimenticios. Muchas veces ellos odian sus cuerpos o están tan enojados por las cosas que les han sucedido que tratan de alterarlos de un modo drástico en un intento por evitar el abuso. En algunos casos, es factible que el trastorno de la alimentación se desarrolle durante el período en el que los adolescentes aún están siendo abusados. La idea que subyace detrás de esa reacción es que si el chico abusado se vuelve repulsivamente gordo o flaco, ya no será deseable para su abusador.

CONSUMO DE SUSTANCIAS

Algunos adolescentes con trastornos de alimentación comienzan a fumar cigarrillos como una cortina de humo para ocultar otras conductas inapropiadas como atracones y purgas. Provocarse vómitos hace que el aliento del chico huela a vómito, así que el humo del cigarrillo esconde esos olores. A menudo es más fácil para los adolescentes luchar con sus padres por el hábito de fumar, que permitir que ellos descubran su trastorno alimenticio. Los padres son menos propensos a buscar tratamiento para que dejen el cigarrillo que para un trastorno de alimentación. Algunos adolescentes no limitan su atracón solamente a los alimentos. A menudo también recurren a atracones de alcohol. Ese es un comportamiento peligroso porque el alcohol es absorbido rápidamente por el sistema digestivo. Y si bien puede vomitar el líquido, no se elimina el alcohol ingerido.

1.11 Estrés familiar

Es importante comenzar esta sección diciendo que no todos los desórdenes alimenticios tienen su origen en una disfunción familiar y que no todas las familias disfuncionales experimentan algún trastorno en la alimentación. Eso tampoco significa que alguien que proviene de una buena familia, no vaya a desarrollar un trastorno alimenticio. A pesar de que el entorno familiar pueda ser, o no, una variable directa en la formación del trastorno de la alimentación, su colaboración resulta absolutamente esencial en el proceso de curación y recuperación integral del adolescente que lo padece.

Muchas familias se sienten amenazadas o muestran dudas cuando se les pide que participen en el tratamiento terapéutico del adolescente. Temen ser los causantes del problema y que, como consecuencia, sus debilidades y disfunciones sean señaladas durante el proceso. Los padres tienen que ir más allá de sus miedos y darse cuenta de que la familia es el contexto principal y el dominante en la vida del adolescente. La participación de la familia en el tratamiento terapéutico constituye una ayuda eficaz para el adolescente en problemas.

La ideología, los valores, la idiosincrasia y los comportamientos familiares que se le inculcan a un niño, pueden llegar a ser más exagerados en la adolescencia. Es probable que la familia no sea consciente de que sus acciones y palabras pueden conducir a sus hijos adolescentes a pensamientos y comportamientos poco saludables. Las palabras son poderosas y tienen un efecto positivo o negativo sobre la identidad de un niño. Aquí van algunos ejemplos:

- Los padres que hacen comentarios auto degradantes como: «Estoy muy gordo y feo», pueden llevar a sus hijos a creer que se emiten los mismos juicios sobre ellos.

- Los padres que dicen palabras inapropiadas acerca del peso de sus hijos («Es mejor que no comas tantos dulces. No sea que vayas a engordar» o «Los chicos no invitan a salir a las niñas gordas», o «A las chicas no les gustan los niños gordos») pueden generar temor y un sentimiento generalizado de que no son aceptados tales y como son.

- Muchas veces los adolescentes que sufren de abuso verbal dentro de sus familias recurren a comer como un medio de consuelo o rebelión. El señalar la apariencia física de un jovencito durante un ataque de ira constituye un ejemplo del tipo de abuso verbal que puede precipitar un problema de alimentación. (Por ejemplo, palabras como: «¡Limpia tu cuarto! Estoy cansada de que seas un gordo perezoso»).

- Incluso apodos cariñosos que se les ponen a los niños (como por ejemplo, «gordinflón», «rechoncho» y otros) pueden causar estragos en la psiquis de los niños cuando llegan a la adolescencia. La cadena televisiva A&E emitió un episodio de la serie Intervención que trataba sobre dos gemelas llamadas Sonia y Julia, que habían sido admitidas en un programa de trastornos alimenticios graves. Llegaron a descubrir que cuando las gemelas estaban creciendo, la familia a menudo se refería a Julia como la «gemela más grande» porque ella se había desarrollado antes. Esto se hacía de manera cariñosa y descriptiva, solo porque era ocho centímetros más alta que su hermana (pero de ninguna manera más gorda). Los amigos oían a la familia decir aquello y se burlaban de Julia por ser la «gemela más grande». Por lo tanto, en sus años de adolescencia Julia comenzó una campaña de rebelión para dejar de ser la «gemela más grande». En respuesta a ello, Sonia tuvo miedo de ser la más grande de las dos, así que también empezó a comer destructivamente. Las dos chicas se volvieron co-dependientes, inmersas en el temor y en un ciclo de comportamientos destructivos.[23]

Las familias también pueden transmitir sus malos hábitos y comportamientos a sus hijos. Las técnicas de confrontación generalmente se aprenden mediante la observación. Los padres que recurren a la comida y bebida como una forma de superar el estrés, hacen que eso se convierta en un modelo para sus hijos. A medida que los adolescentes se acercan a un momento estresante en sus vidas, comienzan a imitar esas técnicas de encarar las cosas aprendidas de sus padres. Comer a modo de consuelo puede convertirse en una dependencia de los alimentos. Cuando los adolescentes comprenden eso (por lo general cuando empiezan a subir de peso) es posible que quieran ir en la dirección opuesta y se rebelen contra la comida, lo que resultará en inanición.

Algunos padres quieren vivir a través de sus hijos. El sueño de que su hija se convierta en una primera bailarina o su hijo en un medallista de gimnasia puede llegar a ser agobiante. Esos padres empujan a sus vástagos a lograr ciertos desafíos creyendo que sus propios sueños son también los sueños de sus hijos adolescentes. Esa evaluación exhaustiva se extiende a la alimentación y a los hábitos de ejercicio de los adolescentes. Las altas expectativas y demandas de los padres pueden llevar a los adolescentes a comer (o no comer) como una forma de rebelión o de asumir el control.

Remuda Ranch es un centro de tratamiento residencial centrado en ayudar a las personas con trastornos de alimentación, y allí se han identificado algunas características más de las familias que se encuentran en tratamiento.[24]

Esta no constituye una lista exhaustiva, pero nos proporciona una mayor comprensión de la dinámica familiar de los adolescentes afectados:

- Padres distantes
- Familias caóticas o con problemas de consumo de drogas
- Una madre con grandes expectativas acerca de su hija
- Padres exigentes
- Padres que abiertamente fomentan la rivalidad entre hermanos.
- Padres muy controladores o hiper dominantes
- Un padre con depresión, rigidez o excesiva auto-disciplina
- Conflictos matrimoniales
- Padres con problemas sexuales
- Altos niveles de estrés entre padre e hija y de tensión familiar
- Padres con enfermedades crónicas
- Miembros de la familia desconectados de sus propios sentimientos, que se vuelven emocionalmente distante de los demás

SECCIÓN 2

CONOCIMIENTOS BÁSICOS ACERCA DEL MODO EN QUE LA TEOLOGÍA ABORDA LA ALIMENTACIÓN, EL EJERCICIO Y DEMÁS ASUNTOS RELACIONADOS CON EL CUERPO

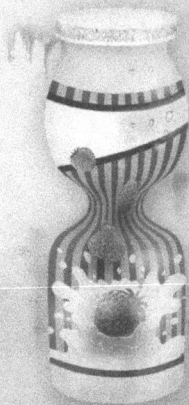

2.1 Puntos de partida básicos de la teología

Poco tiempo atrás un amigo me preguntó: «¿Nuestra teología realmente aborda el problema de los trastornos alimenticios?». Él quería dar a entender que las Escrituras y la teología no tocan este tema en particular, y que intentar conectarlos sería una exageración.

Yo le respondí: «Creo que como seguidores de Jesús debemos analizar todos los valores que defendemos, todas las convicciones que seguimos, todas las acciones que ejecutamos o no, cada conversación, pensamiento, y deseo a través del ejemplo de "Cristo". Así que nuestra teología debería afirmar que entendemos y actuamos como defensores de los adolescentes heridos».

Yo intentaba estimular en él el hecho de que el ministerio juvenil debe preocuparse por las situaciones difíciles de los adolescentes de todo el mundo. Deberíamos traer esperanza, sanidad y luz a los lugares oscuros y enfermos.

Así que le pregunté a este amigo: «¿Por qué no son los ministerios de jóvenes los que hacen frente a esta enfermedad que, literalmente, está cobrando la vida de incontables adolescentes en todo el mundo?». Él sintió el desafío a repensar y replantear su teología sobre el tema.

2.1A UNA PERSPECTIVA DESDE LA HISTORIA DE LA IGLESIA

Los trastornos alimenticios no son nuevos en la iglesia. De hecho, el hambre se practicó alguna vez como una forma de santidad. Muchas mujeres santas de la época medieval se involucraron en una «anorexia santa».[25] Ellas creían que el cuerpo era una expresión carnal de la sexualidad y el pecado. A partir de un deseo por la piedad y en un intento por ser castas, las mujeres alteraban la forma de sus cuerpos dejando de comer, y los hombres comían muy poco para evitar amar los placeres y volverse auto complacientes. Su creencia era que el sacramento de la comunión debía ser su verdadera fuente de sustento.

Se cree que Santa Teresa de Ávila se provocaba el vómito con ramas de olivo para librarse de cualquier impureza que pudiera interferir con el sustento que recibiera de la hostia de la comunión.[26] Negarse a uno mismo la comida, el sueño, la conversación, y entregarse al sufrimiento personal (a veces auto-infligido) era considerado una manera de alcanzar la santidad.

En un estudio realizado a partir de la vida de ciento setenta santos medievales italianos, se encontró que más de la mitad de ellos sufría de esta «anorexia santa».[27]

A los quince años, Santa Catalina de Siena comenzó un ayuno para denunciar su corporalidad o su apego al físico. Ella se sentía presionada porque sus padres habían arreglado su matrimonio, pero ella quería permanecer casta como un voto de su santidad. Perdió la mitad de su peso antes de que un sacerdote local le ordenara comer. Estaba acorralada entre obedecer al sacerdote y mantener su promesa de renunciar a su dependencia de los alimentos. Así que recurrió a vomitar para mantener su promesa. Después de dos años, su padre finalmente renunció a los planes de casarla. Catalina resurgió para tomar un voto de castidad, y su posterior ministerio estuvo marcado por la oración y la atención a los enfermos. Ella siguió viviendo un estilo de vida de auto-inanición, siempre intentando librarse de cualquier alimento que pudiera estar en su estómago. Como muchas otras personas, se autoinducía el vómito a fin de purgarse, calificando esto como un acto de justicia por el pecado miserable que había cometido.[28]

La Iglesia Católica considera a Santa Catalina como una gran mujer de Dios y como una voz influyente y fuerte durante una época muy oscura de la historia de la iglesia. Fue canonizada como santa y considerada entre los Doctores de la Iglesia, un título que se les da solo a aquellos que han conformado la doctrina de la Iglesia Católica. Fiel a sus votos, Santa Catalina murió a los treinta y tres años de santa anorexia. Este tipo de anorexia es diferente de la que vemos hoy en día, ya que nace de una peregrinación de santidad y abnegación. Muchas personas estaban dispuestas a perder su vida por inanición si creían que la comida les impedía una conexión más profunda con Cristo. En las épocas posteriores al período medieval, la delgadez siguió catalogándose como un signo de espiritualidad, ya que significaba que una persona era lo suficientemente disciplinada como para abstenerse de los placeres pecaminosos de la gula.

La perspectiva de la iglesia sobre los alimentos a lo largo de la historia ha sido, como mínimo, peculiar. Hubo momentos en que se creía que el consumo de alimentos debía ser mínimo y restringido porque los demonios podían entrar al cuerpo mientras la persona estaba comiendo. Ha habido momentos en que la iglesia creía que las especias y alimentos picantes podrían conducir a la inmoralidad sexual. Algunas personas incluso participaban en la auto mutilación y en ejercicios dolorosos para abofetear sus cuerpos en busca de una perfección de la santidad. La forma más común de abnegación que surgió de las prácticas ascéticas de los monasterios cristianos fue el ayuno. Sin embargo, el ayuno en aquellas épocas y el ayuno de hoy son dos cosas muy diferentes. Santa Catalina y Santa Teresa practicaron un estilo de vida de ayuno, lo que finalmente condujo a entregar voluntariamente sus vidas a la santidad. Hoy no vemos esta disciplina espiritual como un estilo de vida permanente de privación de los alimentos. Más adelante en esta sección hablaremos del ayuno más detalladamente.

2.1B PERDÓN Y REDENCIÓN

Al igual que con muchos otros temas que hemos tratado en esta serie de *¿Qué hacer cuando...?*, el punto de partida para ayudar a los que padecen de trastornos de la alimentación es expresarles lo valiosos que son y nuestro amor incondicional. Los adolescentes que luchan con trastornos alimenticios creen que no valen nada. Sus problemas de alimentación son un intento de sentirse valiosos.

De modo que es posible que, en consecuencia, muchos adolescentes experimenten dificultades espirituales. Se sienten:

- Sin contacto con Dios.
- Indignos del amor de Dios.
- Con una sensación de insuficiencia o de no dar la medida.
- Como si Dios los estuviera juzgando o condenando.
- Que han decepcionado profundamente a Dios
- En tremenda vergüenza y culpa.[29]

Resulta preciso cultivar una fuerte teología del perdón y la redención para los adolescentes que luchan con este problema, ya que creen que están fuera de la esfera del perdón. Piensan que sus años de lucha y de conductas adictivas han hecho que Dios se cansara de su pecado, y que ya no quiera extenderles gracia.

Los adultos tienen que enseñar y vivir que la redención no es solo un acto o un acontecimiento puntual, sino un proceso continuo. Somos redimidos momento a momento. Eso también tiene que expresarse en nuestras iglesias, tenemos que esforzarnos por ser una comunidad mucho más llena de gracia. Los adolescentes nos oyen enseñarlo, pero luego observan que somos descorteses e implacables como iglesia. Fallamos en expresar esta verdad teológica en nuestras vidas diarias. Tenemos miedo de que nuestros actos de gracia y perdón sean interpretados como concesiones.

Hace poco estaba leyendo la obra de un prominente autor cristiano que arremetió contra la iglesia por restaurar en sus posiciones a pastores cristianos y a líderes que habían caído en pecado. Su argumento era que sus pecados los descalificaban para el ministerio. Él consideraba a la iglesia como tolerante con el pecado porque no tenía en cuenta el mandato bíblico de que aquellos que están en posiciones de liderazgo deben cumplir con un estándar superior. Creo que este punto de vista rígido es perjudicial para los demás, especialmente para los que están luchando contra el pecado. Eso mantiene a las personas distanciadas, atrapadas en la falsa creencia de que están fuera de la gracia de Dios. En lugar de ello, tenemos que ser la comunidad amable, amorosa, perdonadora y redentora que nos identifique como la iglesia de Cristo.

Nunca debemos olvidar que nuestra marca distintiva como cuerpo de Cristo, como iglesia, es el amor. El amor trae sanidad a la vida de la gente herida. El poder de Dios radica en el amor que él derrama sobre nosotros. El amor cubre el pecado. El amor sana el quebrantamiento. El amor une los corazones.

Lo que más necesitan los adolescentes que sufren es experimentar el amor de Dios. Deben saber que sus vidas son tan preciosas y valiosas para Dios que estuvo dispuesto a cambiar la vida de su Hijo por la de ellos. Como líderes juveniles tenemos que transmitirles a los adolescentes que es posible encontrar aceptación incondicional en Cristo. Dios los ama con un amor eterno, inconmensurable, pleno y rico. Ellos tienen que saber que no tienen que ganarse el amor y la aceptación de Dios. No los pueden ganar. Dios nos los ofrece de forma gratuita.

Para comunicar este amor increíble, debemos personificarlo. Lo que significa deshacernos de actitudes y deseos de juicio y condenación, mientras abrazamos la verdad de que Jesús ya lo ha pagado *todo*. Debemos adoptar una agenda de reino de amor, dejando que Dios derrame su amor en nosotros y a través de nosotros.

2.1C NECESIDAD DE EJERCER CONTROL

Ejercer control es un problema profundamente arraigado en los chicos inmersos en algún trastorno alimenticio. Ellos creen que sus circunstancias escapan a su control, por lo que, en el intento por recuperarlo, regulan su ingesta y eliminación de alimentos. Como resultado, los efectos fisiológicos y psicológicos (sentido de poder, descarga de endorfinas, sentido de logro, y demás) le proporcionan al adolescente una sensación de seguridad y de poder ejercer el control.

Un adolescente cristiano tiene que hacer un cambio teológico complejo y rendirle el control a Dios. No se trata de un proceso fácil ni rápido. Y, seamos sinceros, no es necesario ser víctima de un desorden alimenticio para tener problemas en cuanto a permitirle a Dios asumir el control de la propia vida. Todos nos preocupamos por mantener nuestro trabajo, nuestras relaciones, por atravesar las crisis, y la lista continúa. Así que esta es la lucha de «todo cristiano».

Posiblemente este sea un buen lugar para incluir una advertencia: confrontar a los adolescentes para que confíen en Dios hará que se resistan aún más. Decirles a los chicos que solo tienen que confiar en Dios, es como ponerles un apósito con versículos bíblicos sobre una herida muy profunda. Solo hará que te vean como un ignorante, y lo más probable es que pierdas credibilidad.

Sé consciente del hecho de que la falta de alimento puede afectar la fisiología del cerebro, resultando en una hipersensibilidad que hace que el individuo actúe y luche por mantener el control. Los adolescentes con un trastorno en su alimentación necesitan aprender nuevamente a confiar en Dios y traspasarle el control a él. Renunciar a cualquier forma de control significa correr el riesgo de volverse vulnerables. Eso resulta increíblemente aterrador para ellos. El temor enceguece su juicio y hace que se pongan anteojeras. Por lo tanto, a pesar de que pesen solo cuarenta y cinco kilos, no pueden ver que no están gordos. Cuando la gente trata de acercarse y demostrarles su preocupación, ellos realmente creen que en realidad son parte de una conspiración para destruirlos al permitirles ser gordos y feos.

El tema de la confianza se vuelve más complejo cuando los adolescentes comienzan a sentirse impotentes y sin esperanza acerca de su situación. Ellos ya creen que sus esfuerzos por ser amados y aceptados resultan inútiles, por lo que se determinan a comer menos, como una forma de recuperar algo de poder personal. El ciclo se vuelve interminable y agotador, y sienten aún una desesperación más profunda al creer que no valen lo suficiente como para ser rescatados.

Los adultos deberían ayudar a los adolescentes a entender que dentro del cuerpo de Cristo todos tenemos que confiar sinceramente en Dios para el día a día. Las luchas de los chicos pueden ser diferentes, pero son tan difíciles y desesperantes como las nuestras. También tenemos que servirles de ejemplo en la forma en que cada día ponemos nuestra confianza en Dios. Eso nos saca del pedestal espiritual y nos coloca a la misma altura de los adolescentes que están sufriendo. También demuestra la verdad teológica de que los miembros del cuerpo de Cristo somos una comunidad que sufre junta y que confía en Dios. Llevarlo a cabo puede resultar un verdadero desafío dentro de nuestra cultura, porque la iglesia en los Estados Unidos se caracteriza por una actitud de autosuficiencia. Confiamos en lo que sabemos acerca de Dios más de lo que realmente confiamos en Dios (lo invisible). Hemos construido nuestra práctica sobre la filosofía de que «Dios ayuda al que se ayuda», aun creyendo que eso es algo bíblico. Nos hemos acostumbrado tanto a confiar en nuestros sistemas de creencias y estructuras que no somos capaces de ver que no estamos confiando en Dios en lo más mínimo.

Por lo tanto, para ayudar realmente a los adolescentes a rendir el control de sus vidas a Dios, primero tenemos que ser ejemplo. Comencemos pidiéndole a Dios que nos haga conscientes de las áreas de nuestra vida en las que no le hemos entregado el mando. Esa clara toma de conciencia debe conducirnos a una sinceridad que le permita a un adolescente en problemas emprender un viaje de confianza a nuestro lado. Mateo 6.25-27 es un tremendo pasaje que nos ayuda a considerar nuestra perspectiva sobre la vida y la fe.

> *«Por eso les digo: No se preocupen por su vida, qué comerán o beberán; ni por su cuerpo, cómo se vestirán. ¿No tiene la vida más valor que la comida, y el cuerpo más que la ropa? Fíjense en las aves del cielo: no siembran ni cosechan ni almacenan en graneros; sin embargo, el Padre celestial las alimenta. ¿No valen ustedes mucho más que ellas? ¿Quién de ustedes, por mucho que se preocupe, puede añadir una sola hora al curso de su vida?».*

En el párrafo anterior a este versículo, Jesús les habla a sus discípulos acerca de las finanzas, sueños de seguridad y esperanzas futuras. Luego les pide a sus seguidores que confíen. Aunque se centra en cuestiones diferentes a aquellas con las que lucha un adolescente, debemos reconocer la tendencia que tenemos, como seres humanos, a preocuparnos. La preocupación proviene de un deseo de estar en control de las cosas. Tomar conciencia de ello es el principio de nuestro caminar en confianza con el Salvador. Si queremos que los adolescentes sepan que Jesús puede romper la esclavitud de sus problemas alimenticios, entonces debemos permitir que él también nos libere en aquellas áreas en las que estamos igualmente atados.

Aquí hay algunas preguntas que te ayudarán a integrar esta verdad teológica a tu vida:

- ¿A qué le tienes miedo?
- Identifica un momento en el que sentiste que estabas fuera de control. ¿Qué estaba sucediendo?
- ¿Qué cosas te preocupan?
- Si Dios te quitara todo, ¿podrías decir como Job: «Sin embargo, seguiré confiando en él»?

- ¿Haces cosas para obtener la aprobación de los demás?
- ¿Crees que hay algo que debas hacer para ganar el favor de Dios o para permanecer en su favor?

Estas preguntas te servirán como punto de partida para examinar tu propio caminar en confianza.

Recuerda, Dios no nos ha dado un espíritu de temor, sino de poder, de amor y de dominio propio (2 Timoteo 1.7). Antes de pedirles a los adolescentes en problemas que hagan la siguiente oración de recuperación, debemos dar un paso y hacerla nosotros primero:

> QueridoSeñor: Admito que no tengo poder sobre mi adicción. Admito que mi vida es imposible de manejar cuando trato de controlarla. Ayúdame hoy a comprender el verdadero significado de la incapacidad. Quita de mí toda negación sobre mi adicción. Amén.[30]

2.1D OTRAS CONSIDERACIONES TEOLÓGICAS

Se han escrito volúmenes enteros sobre temas teológicos que describen nuestra práctica y pensamiento con respecto a las cuestiones culturales del momento. Depende de ti comenzar a reunir información y cultivar un entendimiento más profundo de las teologías (o en algunos casos, de las teologías divergentes) que tienen relación con las cuestiones contemporáneas. Aquí van algunas consideraciones teológicas adicionales que un líder juvenil debe desarrollar al abordar el tema de los trastornos alimenticios:

- **Una teología de reconciliación y esperanza.** Esta idea se desarrolla más profundamente en otros libros de la serie *¿Qué hacer cuando...?*. Los desórdenes alimenticios parecen constituir un problema irremediable que destruye las relaciones y las familias.
- **Una teología del sufrimiento y del dolor.** Esta idea también se desarrolla en otros libros de esta serie. Los padres y los

adolescentes afectados pueden preguntarse por qué tienen que sufrir o por qué Dios permite tanto dolor en sus vidas. Como nota al margen, muchos adolescentes con trastornos de alimentación se sienten como si estuvieran sufriendo en manos de un abusador. Nuestra teología de justicia y liberación puede describir cómo tratar esta situación.

- **Una teología de sanidad.** Los padres y los adolescentes pueden querer respuestas sobre el poder sanador de Dios. Es probable que deseen saber si Dios sana y cómo lo hace, así como las implicaciones teológicas de la sanidad en la vida de un adolescente con trastornos alimenticios.

- **Una teología de oración y liberación.** Los adolescentes y sus familias pueden orar fervientemente por la liberación de Dios pero estar confundidos porque sus oraciones parecen no ser respondidas.

- **Una teología de comunidad y aceptación.** Muchos adolescentes que padecen de un trastorno en la alimentación no se sienten aceptados. A menudo creen que su control sobre los alimentos los ayudará a cambiar, de manera que logren encontrar aceptación.

2.2 Preguntas que requieren una consideración teológica

2.2A ¿LOS DESÓRDENES ALIMENTICIOS SON UN ASUNTO DE GLOTONERÍA O VANIDAD?

Las Escrituras colocan a la glotonería y a la vanidad en la lista de los pecados, pero un desorden alimenticio es mucho más complejo que una simple cuestión de rebelión. Los trastornos de la alimentación son producto de una condición humana pecadora y quebrantada. En otras palabras, el pecado manchó nuestra existencia humana, la naturaleza, el mundo, todo. Como resultado, hay consecuencias directas e indirectas de ese pecado. Considerar un trastorno alimenticio como un pecado, es igual a considerar una enfermedad como pecado. Sé que hay algunos que sostienen una posición teológica que asevera que toda enfermedad es resultado directo del pecado en la vida de alguien. Pero en su mayor parte, podríamos concordar en que hay situaciones que están indirectamente manchadas por el pecado que entró en el mundo.

Si los desórdenes alimenticios fueran simplemente una cuestión de pecado, como la glotonería y la vanidad, entonces veríamos recuperaciones más rápidas. Pero este tema complejo tiene sus raíces en lo más profundo de un tema todavía más hondo, que exige un poderoso Redentor que reconcilie *todas* las cosas. La salvación de Jesús no solo se extiende sobre el pecado individual; abarca los efectos del pecado sobre todas las cosas, incluyendo la naturaleza. Su salvación no solo tiene que ver con nuestra eternidad, sino que es capaz de corregir el daño que el pecado ha producido en un mundo que alguna vez fue perfecto. La salvación que trae Jesús también constituye un proceso; él continúa salvándonos. No se trata solo de un momento en particular o de una cuestión puntual en el tiempo. No actúa como una goma de borrar mágica que nos libra de las cosas horribles que no nos gustan. Tiene que ver con una reconciliación constante, día a día y momento a momento.

Los adolescentes con desórdenes alimentarios tienen que saber que Dios, a través de su proceso redentor, ha comenzado una buena obra en ellos y será fiel en completarla. Necesitan saber que las cosas viejas pasaron y que todas son constantemente hechas nuevas. Donde haya pecado directo en sus vidas, tendrán que presentarlo ante Dios. Pero también precisan contar con la certeza de que sus luchas actuales no los descalifican. El amor y la redención de Dios no dependen de lo que hacen o dejan de hacer (véase Romanos 8).

Los adolescentes con trastornos en su alimentación saldrían de ese horrible ciclo si pudieran, pero a menudo sienten que no lo eligieron, ni escogieron continuar en él. Nuestra respuesta debe ser nutrirlos, apoyarlos, animarlos y conducirlos con amor y paciencia a los brazos de un amoroso Redentor. Para muchos de ustedes, esto puede resultar difícil de entender ya que el tema parece estar teológicamente definido. Mi desafío es que en oración te coloques en una posición en la que dejes que el Espíritu Santo te enseñe, guíe y dé forma a tus convicciones.

2.2B ¿EL AYUNO ES UNA FORMA PELIGROSA DE AUTO INANICIÓN O UNA DISCIPLINA ESPIRITUAL POSITIVA?

El ayuno es una disciplina espiritual que está diseñada para ayudar a que nos concentremos en Dios. En pocas palabras, el no comer nos produce retortijones. Esas señales de hambre pueden convertirse en un motivo para estar en la presencia de Dios y recordarnos que debemos confiar más en él. El ayuno era y es utilizado como un medio de acercamiento a Dios, a fin de perfeccionar nuestra manera de centrarnos en él (es el hambre y la sed de justicia, o una situación que nos coloca en una posición de negarnos a nosotros mismos temporalmente para aprender a confiar humildemente en la suficiencia de Dios). Se utiliza como un recordatorio para presentar asuntos ante Dios, o reconocer en oración que Dios está en el control. A menudo se lleva a cabo como un medio de intensa concentración en Dios al buscar una respuesta antes de tomar una decisión difícil. La Biblia nunca indica que el ayuno constituya un medio de purificación personal (desintoxicación) o dieta. El ayuno siempre se vincula con la oración. Es un recordatorio o una motivación para orar Por lo tanto, no se trata de que el cuerpo experimente hambre, se trata de alimentar y restaurar el alma a través de una motivación constante de estar en la presencia de Dios. De esta manera el ayuno se convierte en la restricción temporal de alimentos y bebidas para lograr un acercamiento a Dios.

En Mateo 6.16-18, Jesús nos advierte que revisemos nuestras motivaciones al ayunar.

> «Cuando ayunen, no pongan cara triste como hacen los hipócritas, que demudan sus rostros para mostrar que están ayunando. Les aseguro que éstos ya han obtenido toda su recompensa. Pero tú, cuando ayunes, perfúmate la cabeza y lávate la cara para que no sea evidente ante los demás que estás ayunando, sino sólo ante tu Padre, que está en lo secreto; y tu Padre, que ve lo que se hace en secreto, te recompensará».

Jesús nos dice que el ayuno no debe hacerse por motivos impuros o para beneficio personal. Así que no debemos tener un doble propósito al ayunar, como acercarnos a Dios y perder peso. El ayuno puede realizarse para ciertos beneficios de salud, pero entonces debería llevarse a cabo con motivos diferentes al beneficio espiritual.

Las personas que sufren de desórdenes alimenticios no deberían ayunar, ya que se trata de una actividad que facilita el trastorno alimentario. Por lo tanto, no resulta conveniente que se lo utilice como un medio para acercarse a Dios, dado el historial y el vínculo que tiene con el trastorno. Tenemos que recordar que no hay nada sagrado acerca de las disciplinas espirituales en sí mismas. Son solo métodos, acciones y actividades que nos ayudan en nuestra travesía espiritual. La fuerte dependencia de una determinada disciplina espiritual para lograr una relación correcta con Dios se transforma fácilmente en legalismo. Los adolescentes que sufren de un desorden alimenticio suelen creer que por no ayunar están exentos de la gracia de Dios, y también es probable que utilicen el ayuno como una cortina de humo espiritual para justificar su problema alimenticio (el síndrome de la anorexia santa). Las disciplinas espirituales no están diseñadas para robarle la vida física a una persona. Solo Satanás es el que está decidido a matar y destruir al creyente (1 Pedro 5.8).

Existen otras disciplinas espirituales que nos pueden ayudar a lograr los mismos resultados que el ayuno. Los líderes de jóvenes tienen que cooperar con los adolescentes para que encuentren y desarrollen disciplinas que mejoren su salud espiritual sin perjudicar su salud física. Además, el ayuno no solo tiene que ser la abstención temporal de alimentos. También se puede ayunar de otras cosas que desean los adolescentes. Sugiéreles que traten de ayunar de sus teléfonos celulares durante una semana. Cada vez que deseen llamar o enviarle un mensaje de texto a alguien, podrán usar eso como un recordatorio para orar. O podrían ayunar de televisión. El tiempo que les insumiría ver algún programa debería ser empleado humildemente en la presencia de Dios. Las disciplinas espirituales no son santas ni sagradas; cada uno puede crear las suyas propias. El propósito de este tipo de disciplinas es mantenernos enfocados en Dios.

2.3 Pasajes de las Escrituras a tener en cuenta

Aquí hay algunos pasajes de las Escrituras que pueden incentivarte a desarrollar un marco teológico sobre este tema tan complejo. Estos textos no son para que los utilices como municiones contra los adolescentes, sino para proporcionar un trampolín espiritual adicional a su pensamiento teológico.

- **1 Samuel 16.7** - Nos ayuda a alinear nuestros valores con los valores de Dios, tanto en cuanto a nosotros mismos como en lo que tiene que ver con los demás.

- **Salmo 23.4 – 27.1–3 – 34.3–4 – 46.1–3**, Proverbios 3.24–26 – Muchos adolescentes víctimas de desórdenes alimenticios experimentan un terrible temor. Estos pasajes nos sirven para identificar de dónde proviene el temor y cómo enfrentarlo.

- **Salmo 139.14** – Es un recordatorio de que Dios valora cada parte de nuestro ser, lo que incluye nuestros cuerpos.

- **Proverbios 12.18** - Las palabras son poderosas. Muchos chicos quedan atrapados en trastornos alimenticios porque eligen creer palabras negativas acerca de su imagen, forma o tamaño. Dios nos da una percepción del poder curativo de las palabras sabias.

- **Proverbios 31.30** - Este versículo puede ser usado de maneras perjudiciales. Las adolescentes precisan comprender la verdad de que su principal impacto en la vida de los demás no lo producirá su apariencia, sino su relación con Dios.

- **1 Corintios 6.19–20** - Nos ofrece una percepción de un espacio sagrado. A menudo se utiliza para culpar a los adolescentes para lograr que cambien de actitud o como un arma en contra de los trastornos alimenticios.

- **1 Corintios 12.26–27** - Nos da una perspectiva diferente sobre nuestro papel en la vida de aquellos que sufren.

- **Santiago 1**- Nos recuerda los peligros de hacer diferencias según el nivel social de las personas, y nos clarifica de qué forma debemos o no debemos tratar a los demás.

- **1 Pedro 4.8** - Este versículo, entre muchos otros, describe el principal enfoque que tenemos que adoptar frente a un adolescente que está luchando con cualquier tipo de asuntos.

CONSEJOS PRÁCTICOS Y ACCIONES A LLEVAR A CABO AL AYUDAR A LOS ADOLESCENTES QUE LUCHAN CON TRASTORNOS DE LA ALIMENTACIÓN

3.1 Apoyo a los adolescentes en problemas

Hay muchas acciones preventivas y correctivas a tomar que pueden ayudar a los chicos que luchan con un trastorno alimenticio. Las sugerencias enumeradas a continuación pueden evitar que los muchachos caigan en conductas y pensamientos destructivos.

Los trastornos alimenticios no son un asunto confidencial. Eso significa que si un adolescente te hace saber que está enfrentándose a un desorden alimenticio, no lo debes mantener en secreto. Es necesario movilizar recursos y obtener ayuda para el chico. Instruye a los que trabajan con adolescentes para que no caigan en la trampa de prometer guardar un secreto antes de saber de qué asunto se trata. Si tú crees que el jovencito está sufriendo, aun cuando el daño fuera auto-infligido, tienes el deber de darlo a conocer.

Ahora, a modo de aclaración, no hay ninguna ley que establezca la obligatoriedad de reportar los trastornos alimenticios. Sin embargo, se podría iniciar un juicio civil en tu contra aduciendo las leyes de responsabilidad extra contractual por el conocimiento que posees, si es que el adolescente sufre algún daño y tú nunca has actuado de una manera acorde a ese conocimiento. (Hay más información sobre el deber de advertir a la justicia y presentar informes obligatorios en otro libro de esta serie: *What Do I Do When Teenagers Encounter Bullying and Violence?* [¿Qué hacer cuando los adolescentes sufren hostigamiento escolar y violencia?].

Los trastornos alimenticios no son comportamientos que se deban mantener dentro de la confidencia de una relación. Hazle saber a los adolescentes que si sus amigos mencionan algún trastorno de alimentación o vómitos, deben informarle a un adulto calificado. Muchos estudiantes se sienten entre la espada y la pared porque sus amigos les piden que no revelen sus problemas con la comida. Motiva a los chicos a pedir ayuda para sus compañeros. El hablar abiertamente en un grupo de jóvenes sobre este tema y darles un plan de acción que los incentive a ayudar, les brinda un patrón de comportamiento que los protege de ser etiquetados como poco confiables.

Informarse uno mismo e informar a los demás sobre los desórdenes alimenticios. Asegúrate de que los padres, otros líderes de jóvenes, e incluso los adolescentes del ministerio juvenil, estén al tanto de los datos referidos a los trastornos de la alimentación. Recuerda que son trastornos mortales, y que los mitos y la ignorancia en torno a ellos pueden poner en peligro la vida de un adolescente.

Reconocer cuándo hay que derivar. Este problema complejo exige la atención de profesionales con experiencia en trastornos alimenticios y comportamientos obsesivo-compulsivos. Aunque tú puedes cooperar desde un rol de apoyo con la salud de estos adolescentes, no estás equipado para ocupar una posición de supervisión o de atención de la salud primaria. Demasiados líderes de jóvenes tienen complejo mesiánico y creen que pueden rescatar a los chicos de su quebranto (en el nombre de Jesús, por supuesto). De verdad, aplaudo la pasión que hace que los líderes juveniles permanezcan en el frente de batalla y de rodillas por la carga emocional de los adolescentes. Esa clase de amor es increíble, pero no debe verse empañada por la necesidad de sentirnos útiles. Reconoce que tú no eres el tipo de profesional que hace falta en esta situación. El solo hecho de leer este libro o saber mucho acerca de los trastornos alimenticios, hasta incluso haberlos padecido, no es suficiente. **Así que tan pronto como descubras que un adolescente está luchando con un trastorno de la alimentación, deriva, deriva y deriva.**

Saber cómo derivar. Cada ministerio juvenil debería tener una lista de consejeros, clínicas o consultorios médicos zonales que se especialicen en cuestiones relacionadas con los adolescentes. Si no cuentas con esta información, sería un buen momento para crear una base de datos antes de que te encuentres en el medio de una crisis. Además, es importante que incluyas personas que tengan experiencia en cuanto a los trastornos alimenticios. Luego, pon esa lista a disposición de los padres. Infórmales sobre comportamientos, conversaciones, y actitudes específicas que has observado en sus adolescentes. Sugiéreles que hagan evaluar la situación por un médico calificado o profesional en salud mental. Más vale prevenir que lamentar.

Estos son algunos lugares en los que puedes comenzar a confeccionar tu base de referencias:

- Ponte en contacto con terapeutas y clínicas de tu zona de residencia. Diles que estás armando una base de referencias para los adolescentes y las familias afectadas. Asegúrate de que tengan experiencia con trastornos en la etapa de la adolescencia y, en ese caso particular, con desórdenes alimenticios. No está de más que puedas entrevistar a los terapeutas de forma individual y hacerles preguntas sobre su apertura a que se brinde apoyo espiritual durante el tratamiento terapéutico o sobre cualquier otra duda que tengas. Si hay profesionales en salud mental en tu congregación, empieza por ahí. Sin embargo, pueden presentarse algunos problemas de entorno a considerar. Tal vez alguna familia se sienta incómoda al tratarse con un terapeuta al que también frecuenta en contextos sociales y espirituales. En ese caso, los especialistas de tu congregación pueden recomendar a otros terapeutas calificados.

- Ponte en contacto con el hospital más cercano y haz una cita para hablar con alguien del departamento de psiquiatría. Todos los hospitales cuentan con un psiquiatra en su equipo.

- Establece vínculos con iglesias más grandes que tengan acceso a servicios de asesoramiento y a profesionales de salud mental. Algunas iglesias grandes también cuentan con consejeros profesionales dentro de su personal o tienen acceso a ellos a través de su congregación.

- Comunícate con el departamento de psicología de la universidad cristiana más cercana. Ellos pueden tener listados de ex alumnos o conocer algún profesional calificado que viva en la zona y con el que te puedas conectar.

Exigir que todos los adolescentes participen de todas las comidas durante los retiros, campamentos o viajes misioneros. Utiliza las comidas como un tiempo de anuncios y de evaluación. Eso significa que todo el mundo tendrá que asistir y permanecer allí hasta que los despidas. Los estudiantes pueden quejarse de que no les gusta la comida o decir que no tienen hambre, pero ayúdalos a ver que ese es un tiempo para estar en familia (se requiere la presencia de todos, ya sea que coman o no). Diles que no tendrán que comer si no lo desean, solo están obligados a permanecer allí durante el refrigerio. Eso los ayudará a rendir cuentas, a conformar un grupo socialmente más unido y también te dará una idea de los hábitos alimenticios de los adolescentes que te preocupan.

Ten cuidado de no resaltar o promover al liderazgo únicamente a los adolescentes «bellos». Hay una vieja filosofía pastoral juvenil que señala que: «Si ganas a los atletas y a las porristas de una escuela, puedes ganar a toda la escuela». Este punto de vista fomenta opiniones sociales torcidas e inseguridades sobre la popularidad, la imagen corporal y la apariencia. Aunque la mayoría de los ministerios nunca verbaliza este valor, muchos adhieren a él con sus acciones. Si solo los chicos populares y bellos ocuparan las posiciones visibles de servicio o de liderazgo, entonces estarías enviando un mensaje fuerte y claro. Muchas congregaciones también resaltan esto en su ministerio a los adultos y a los niños. Ayuda a sacar a la luz que este enfoque en un ministerio resulta perjudicial y que está plasmando valores que nuestros jóvenes asimilan.

Yo mantuve una conversación con un grupo de líderes de la iglesia que debatían acerca de cómo escoger a la gente que iba a estar al frente de sus servicios. Ellos describían la forma específica en la que debían verse las personas para estar en el escenario. Esos líderes creían que las personas con sobrepeso representaban una situación incómoda para la iglesia y podrían estorbar a la gente durante la adoración. Veían el sobrepeso como el pecado de gula y consideraban que era comparable a tener un adúltero liderando el tiempo de adoración. ¡¿Qué?! También seleccionaban las prendas de vestir que usaría todo el personal, analizando fotografías del guardarropas de la gente. Todo eso, en nombre de la excelencia en el ministerio. Algunas iglesias seleccionan a sus anfitriones y ujieres con criterios similares.

¿Crees que Jesús eligió solo a las personas delgadas, bellas y con talento para ser sus discípulos? Nuestros jóvenes necesitan ver que todos son bienvenidos, importantes, que tienen algo que aportar y que pertenecen al cuerpo de Cristo. Conozco un ministerio juvenil muy dinámico que, según su pastor de jóvenes, está completamente formado por inadaptados, perdedores y estudiantes poco populares de la comunidad. Allí se puede ver a los adolescentes que no encajan en el molde de «bellos» de la sociedad sirviendo a los demás; sin embargo, son los jóvenes más bellos que hay sobre la faz del planeta. Lo interesante es que este ministerio está alcanzando y ayudando a jóvenes gravemente heridos a encontrar la plenitud en Cristo. Creo que un grupo como este nos da un destello de lo que es el cielo.

Desafiar abiertamente las opiniones de la sociedad, así como las prioridades, valores y actitudes colectivas de tu grupo acerca de la belleza y el nivel social. Ayuda a los adolescentes a ver la superficialidad que existe al definir a los demás por el aspecto, tipo de cuerpo, imagen o la ropa que usan. Dios mira nuestro corazón, no lo superiores o voluptuosos que seamos. Incentívalos a adoptar ese mismo valor y a reconocer y discernir los mensajes con los que son bombardeados a diario.

Observa la siguiente investigación citada por la Asociación Nacional de Desórdenes Alimenticios: [31]

- Un estudio de 4.294 anuncios de redes de televisión reveló que 1 de cada 3,8 comerciales envía algún tipo de «mensaje sobre el atractivo», indicándoles a los espectadores lo que es o no es atractivo. Estos investigadores estiman que el adolescente promedio ve más de 5.260 «mensajes sobre el atractivo» al año.

- Un estudio realizado a lo largo de veinte años por una revista para adolescentes, encontró que en los artículos referidos a estar en forma o sobre planes de ejercicios, el 74 por ciento mencionaba que la razón para hacer ejercicios era «ser más atractivo», mientras que el 51 por ciento señalaba la necesidad de perder peso o quemar calorías.

- Otra investigación sobre revistas de comunicación masiva reveló que las publicaciones femeninas tenían 10,5 veces más anuncios y artículos que promovían la pérdida de peso que las revistas para hombres; y que el 60 por ciento de las chicas caucásicas de la secundaria leen al menos una revista de moda con regularidad.

- La mujer estadounidense promedio mide 1,64 metros de estatura y pesa 63,5 kilos, mientras que la modelo estadounidenses promedio mide 1,80 metros de estatura y pesa 53 kilogramos. La mayoría de las modelos son más delgadas y más altas que el 98 por ciento de las mujeres estadounidenses. [32]

- Durante la infancia y la adolescencia, la exposición a los medios de comunicación forma parte de una constelación de factores socioculturales que promueven un esquema de delgadez para las niñas y un esquema de musculatura para los varones. [33]

Enseñar a los adolescentes a respetarse a ellos mismos y a los demás. Dios creó una diversidad en los tipos de cuerpo. La falta de aceptación en función de cómo se ve una persona es un prejuicio. Recuérdales que la apariencia física no tiene nada que ver ni define la calidad, el carácter ni el valor de una persona. Ayúdalos a adoptar una política personal de «tolerancia cero» contra los que se burlan de alguien por su peso, tamaño, forma o apariencia.

Instruir a los adolescentes sobre los peligros de intentar modificar su cuerpo sin la supervisión de un profesional calificado o de un adulto informado. Los líderes de jóvenes hacemos mucho más por la vida de un estudiante que solo discipularlo. También les damos el ejemplo y les enseñamos habilidades para la vida. Así que anímalos a ejercitarse por diversión y salud, y a llevar una dieta sana y equilibrada. Sé la voz de la razón en los oídos de los chicos que empiezan a entrenar obsesivamente a causa de su peso. Muchos chicos comienzan a preocuparse antes de tiempo por su desarrollo y se angustian porque no ven los cambios que desean. Conviértete en la voz de la sensatez en los oídos de las chicas que creen que deben esforzarse por ser más delgadas. Mantente alerta ante cualquier conversación sobre hacer dieta, bajar de peso o incluso sobre los trastornos alimenticios, aunque sea en tono de broma. No les digas que no están gordos o que no necesitan hacer dieta. Más bien, desafíalos a hacer las cosas bien y buscar la ayuda de un entrenador calificado. Eso hace que al adolescente le resulte más fácil rendir cuentas. Luego encarna los comportamientos anteriores en tu propia vida.

Supervisar el comportamiento del entrenador y generar preocupación pública, si es necesario. No pases por alto ni ignores las conversaciones en las que los adolescentes comenten que están perdiendo peso para realizar un deporte por recomendación del entrenador. Ten en cuenta que las «sugerencias» de un entrenador a menudo tienen el peso de una orden.

Los adolescentes a menudo tienen miedo de ser expulsados del equipo, no jugar, o ser intencionalmente ignorados si no siguen las sugerencias del entrenador. Muchos preparadores utilizan esas tácticas para controlar el comportamiento de un atleta. Si un entrenador se preocupa más por su historial de victorias y derrotas que por el bienestar del deportista, entonces es peligroso. Por cierto, nunca he conocido a un entrenador que verbalmente afirme que su currículo es más importante que el atleta. Más bien, he oído a muchos atletas decir que los entrenadores no se preocupan por ellos, no los escuchan ni los comprenden en cuanto a las situaciones de su vida, y cuestiones por el estilo. Eso debería darte razones suficientes para convertirte en un defensor de los jóvenes atletas de tu comunidad. Si el consejo escolar presiona y solo evalúa al entrenador por su historial de juego, entonces haz un reclamo. Por otro lado, apoya a los entrenadores que se preocupan cuando los atletas incurren en patrones alimenticios o de ejercicio que resultan destructivos. Respalda a los entrenadores que están más preocupados por el desarrollo integral de sus atletas (especialmente de su carácter) que por ganar, y a aquellos que se convierten en defensores de los atletas que luchan con problemas de este tipo.

Oponerse abiertamente cada vez que los medios de comunicación le resten importancia a los trastornos alimenticios. Grítaselo a los padres y a los adolescentes. Ha habido una serie de comedias adolescentes que muestran a muchachos populares y hermosos de manera sarcástica y reflejan las conductas de los atracones y los vómitos como la norma a seguir. Los medios de comunicación a veces pueden hacer ver los desórdenes alimenticios como algo sencillo, común y glamoroso, e incluso tomarlo como una broma. Las películas y los programas nos ofrecen oportunidades para «enseñar ciertas cosas» a nuestros chicos.

Escuchar. Los adolescentes que luchan con desórdenes alimenticios suelen tener problemas de confianza. No quieren que sus conductas salgan a la luz, por lo que se esconden y a menudo, sospechan de todo el mundo. Si los adolescentes están dispuestos a hablar contigo acerca de sus luchas, por favor escúchalos. No te apures a hablar. No permitas que tu deseo de ayudar se interponga en el camino. Oye a los adolescentes para identificarte con su dolor. Escúchalos con la intención de comprender la desesperación y las complicaciones que llevaron a esos jóvenes a incorporar patrones de alimentación destructivos.

Asegúrate de hacer más preguntas que ofrecer soluciones y consejos. Haz preguntas abiertas, es decir, cuya respuesta no consista en una sola palabra (sí o no). Al oír a los adolescentes, préstales toda tu atención. Esa es una gran demostración de amor y aprecio. También escucha con oídos comprensivos. Deja que los chicos hablen acerca de cualquier sentimiento que estén experimentando.

Ayudar a los adolescentes afectados a enfocarse en las cualidades de carácter. Los adolescentes precisan comprender y ser concientes de varias cosas:

- Lo que significa ser un hijo de Dios.
- Que la verdadera medida de una persona es el carácter, no la apariencia, ni las habilidades ni el talento.
- Que Dios nos ama y nos acepta; y que nada puede interferir o separarnos del amor de Dios.
- Que las personas que aman a Dios también aman y aceptan lo que Dios ama, es decir, a los preciosos adolescentes.
- Que Dios nos considera por el corazón, no por nuestra apariencia exterior.
- Que Dios implanta grandes cualidades y características en cada uno de nosotros (en otras palabras, el amor, la sabiduría, la bondad, la esperanza, la paciencia).

Ayúdalos a cultivar esas cualidades, y luego asegúrate de observar y aplaudir cuando las exhiban. También proponte hablar más con los adolescentes acerca de a quién pertenecen que de quiénes son. Hay un poder transformador en el hecho de comprender que somos propiedad de Dios (Dios nos compró por gran precio) y que él nos otorga el derecho de hijos como coherederos con Cristo. Los adolescentes necesitan tener un fuerte sentido de aceptación y pertenencia centrado en un conocimiento continuo de quién es su dueño.

Ayudarlos a entender su desarrollo fisiológico. Los adolescentes saben solo en parte o en teoría lo que está pasando en su cuerpo. Después de experimentar los cambios fisiológicos de su sistema reproductivo, se olvidan de que sus huesos y su masa muscular siguen cambiando. Eso se puede observar claramente comparando las fotos del primer año de la universidad con las de tercer año de la misma persona. La madurez del crecimiento es notablemente diferente y aún más completa a la edad de veintidós o veintitrés años. Cuando ayudamos a nuestros chicos a darse cuenta de que los cambios fisiológicos son normales y que ocurren a lo largo de todo el período adolescente, eso los ayuda a equilibrar sus sentimientos de anormalidad.

Promover una autoestima positiva enfatizando el valor que cada individuo tiene ante los ojos de Dios. Yo estaba hablando con un joven que luchaba con sus limitaciones físicas. Él definía su valor por lo que podía o no podía hacer en ese plano, por su salud y su apariencia. Decía: «Si no puedo ser más fuerte, entonces soy un inútil». Al principio pensé que estaba haciendo un comentario al pasar. Pero al investigar un poco más, me di cuenta de que él creía que su evaluación era cierta. Le pregunté si sabía lo valioso que era. Lo presioné para ver si realmente conocía su valor. Le recordé que él era tan valioso que le había costado la vida al Hijo de Dios. Recuérdales a los jóvenes que Dios nos valora tanto como para dar su vida en pago por la nuestra.

Hablar con los adolescentes acerca de las técnicas adecuadas de confrontación de las situaciones. Las técnicas de confrontación son las conductas que adoptamos para desplazarnos de los sentimientos negativos, como el estrés y el dolor, a los positivos. Muchas técnicas de confrontación se copian de otros; por lo tanto, los adolescentes las adquieren a lo largo de los años como comportamientos aprendidos. Un padre que maldice y tira las cosas en un ataque de rabia está proporcionando un modelo de técnica de confrontación de las situaciones inadecuada que el adolescente finalmente imitará. Estas técnicas también se aprenden por ensayo y error. Por ejemplo, puede ser que un adolescente nunca haya visto a alguien comer para aliviar el estrés, pero tal vez se dé cuenta de que en un episodio estresante de su vida él encontró consuelo en los alimentos. Entonces ese comportamiento se refuerza y se repite durante los momentos de estrés. Los adolescentes con problemas de alimentación y de imagen corporal, a menudo recurren a la comida, la purga, y el abuso de ejercicios físicos como mecanismos de defensa. Sin embargo, cualquier conducta aprendida puede ser desaprendida y reaprendida. Anima a los adolescentes a que, en lugar de recurrir a la comida, aprendan nuevas técnicas de enfrentar las circunstancias, como:

- Practicar un diálogo interno positivo. En lugar de continuar centrándose en pensamientos humillación propia, ayúdalos a repetir frases como: «Soy un hijo valioso del Rey del universo. Eso me hace parte de la realeza». También pueden hacerlo mediante recursos visuales (marcadores, tarjetas, fotografías) que estén estratégicamente colocados como recordatorios para el adolescente. Memorizar las Escrituras también los ayuda a saturar su mente con la palabra de Dios (este es un modo poderoso de vivir y pensar de manera cristiana).

- Buscar un par de adultos de confianza con los que puedan hablar cuando se sientan estresados. A menudo, el hablar sobre los sentimientos negativos los ayuda a ponerse en perspectiva como para manejar mejor su vida. Conversar es una poderosa técnica para enfrentar situaciones.

- Llevar un diario. Muchas veces eso se transforma en un excelente mecanismo creativo y productivo. Los adolescentes pueden crear un blog o diario para registrar sus pensamientos y emociones, que los ayude a superar los sentimientos negativos.

- Leer. En ocasiones esta técnica de relajación hace que los adolescentes salgan de la tensión del momento y les permite relajarse lo suficiente como para redefinir su perspectiva.

- Respirar profundamente. Es una buena manera para que los chicos se aflojen y logren concentrarse un poco más. A menudo, después de la respiración se realiza algún tipo de ejercicio, liberando así endorfinas que alivian el estrés. Sin embargo, hay que tener en cuenta que los adolescentes con trastornos alimenticios suelen hacer ejercicio excesivo como parte de su comportamiento obsesivo. En esos casos, será preciso encontrar otras técnicas de confrontación de problemas. Salir a caminar es una buena actividad para acompañar la respiración profunda.

- Cuidar mascotas. Asumir la responsabilidad de cuidar, jugar y ocuparse de un animal, hace que los jovencitos quiten su pensamiento de ellos mismos. Cuando los adolescentes tengan dificultades en cuanto a enfrentar situaciones, sugiéreles que saquen a pasear al perro. Eso puede sonar tonto pero, sorprendentemente, funciona. Ha habido muchos avances en situaciones terapéuticas al integrar a los animales. Los individuos deben involucrarse y alinear su comportamiento de manera responsable y amorosa hacia la mascota.

- Servir. Estimúlalos a que se vinculen con una organización de ayuda social en la que presten su colaboración a otros con frecuencia y en diversas formas: desde jugar con los niños en la sala de pediatría de un hospital, hasta servir en una despensa de alimentos en un centro de asistencia para ancianos. Una vez más, esto los ayudará a desviar las nociones egoístas y destructivas y hará que se enfoques en los demás. El servicio es una herramienta poderosa para incentivar a los adolescentes a cambiar sus comportamientos destructivos. Resulta más eficaz cuando se lleva a cabo de manera regular. A largo plazo, los chicos comienzan a darse cuenta de que experimentan menos sentimientos negativos y estrés en su vida.

- Ser creativos. Pintar o dibujar, cantar, hacer manualidades o algún otro hobby también puede convertirse en una habilidad saludable. Eso ayuda al adolescente a relajarse, eliminar tensiones del momento, y le permite regresar al tema causante del estrés en un estado mental diferente. Algunos adolescentes encuentran en la danza una técnica creativa, pero no constituye la salida creativa correcta para un adolescente con un desorden alimenticio. El ejercicio físico que implica la danza puede convertirse en una parte de la disfunción abusiva que acompaña al trastorno de la alimentación.

- Orar y adorar. Más que ser solo técnicas para enfrentar situaciones, el orar y el adorar se convierten en una fuente de fuerza y en una solución. Desafía a los adolescentes a tener tiempos de adoración personal como parte de su crecimiento espiritual. El enfoque se redirige hacia Dios, que nos invita a echar nuestra ansiedad sobre él. Anima a los jóvenes a hacer oraciones de acción de gracias (sin pedir nada) y de alabanza.

Motivar a los adolescentes a encontrar amigos que no se centren en el peso o la apariencia externa. Anímalos a ser esa clase de amigos también. Tal como sucede con tantos otros trastornos psicológicos de los adolescentes, un cambio en los círculos sociales a menudo los favorece para superar problemas difíciles. Si has desafiando a tu grupo de jóvenes a que se convierta en una comunidad de amor, entonces debe transformarse en un lugar en el que los chicos no sean catalogados por su apariencia exterior. Sin embargo, muchas veces este valor está cultural y subconscientemente arraigado. Esa es la razón por la que los grupos de apoyo resultan tan necesarios. Deberías motivar a los adolescentes con problemas a participar en un grupo de apoyo. Muchas veces eso forma parte de su terapia. Como un colaborador amoroso en la vida de los jóvenes afectados, puedes animarlos a participar y a contribuir en su grupo de apoyo. Invítalos a ser el tipo de amigos que ellos quisieran tener.

Para ayudar a un muchacho que padece de un desorden alimenticio:

- Muéstrale ejemplos de hombres que se destacan por su carácter piadoso, no por su apariencia. Que pueda descubrir que la masculinidad no está definida por la apariencia.

- Explícale que un verdadero hombre no se define por su poder sino por la debilidad que lo hace depender de Jesús. Hazle saber y ver que Dios se hace fuerte en la vida de un hombre que es débil.

- Permítele descubrir que lo que lo define no es lo que hace, sino a quién pertenece.

- Anímalo a redefinir el éxito no por su tamaño, la forma de su cuerpo, su aspecto, o su capacidad atlética, sino por vivir los valores bíblicos y confiar en Jesús.

3.2 Crear un ambiente seguro

Los adolescentes que luchan con trastornos alimenticios a menudo se sienten culpables y avergonzados. Lamentablemente, muchos han sufrido represalias y condenación por parte de la iglesia, en lugar de recibir consuelo, reconciliación y rehabilitación. Los adolescentes temen ser humillados y rechazados. Percibirán a la iglesia como un lugar inseguro si tienen la sensación de que solo se acepta a cierta clase de personas. Un adolescente afectado se dará cuenta de los comentarios que se realizan acerca de las personas que no constituyen la norma; percibirá quiénes son aquellos a los que se les da la oportunidad de dirigir, enseñar y liderar en la iglesia; aquellos a los que se les presta atención y se los atiende mejor. Y detectarán los continuos mensajes de división, de temor hacia la cultura y de juicio que promueven posturas militantes. Si esos comportamientos nos caracterizan como iglesia, aunque se expresen de forma sutil, hará que los adolescentes se alejen. Tenemos que asegurarnos de que nuestras congregaciones y ministerios juveniles resulten un lugar seguro fomentando una comunidad de amor.

3.2A FOMENTAR UNA COMUNIDAD DE AMOR

Evaluar la actitud que el propio líder y su equipo tienen acerca de la apariencia física y el peso. Si dejan de lado o evitan a las personas que no son atractivas, si ellas resultan invisibles para la estructura del liderazgo, si se les presta poca o ninguna atención, o si simplemente se las tolera, entonces se estará creando un ambiente ministerial inseguro. Desafía a todos los miembros de tu iglesia y ministerio de jóvenes a cambiar, para hacer que todos se sientan amados y aceptados.

Hacer de tu grupo de jóvenes un lugar en el que los adolescentes sean aceptados. Transmite con frecuencia este mensaje de aceptación. Ayuda a los adolescentes de tu grupo a comprender que las personas heridas, con problemas, quebrantadas o en necesidad deben estar rodeadas por personas positivas y amorosas. Juntos traemos la sanidad de Dios a la vida de los demás.

No cansarnos de afirmar que el amor es la marca distintiva de lo que somos. Debes batir un record al repetir constantemente que vamos a ser medidos según nuestro amor; y que si no tenemos amor, solo hacemos ruido. Enséñalo, demuéstralo, haz referencia a ello en cada una de tus enseñanzas o mensajes, ten la expectativa de que se convierta en el sello de la existencia del ministerio juvenil. Educa a los adolescentes para que tomen conciencia de que podrían agravar el problema alimenticio de otra persona si:

- Hacen comentarios despectivos o bromas sobre el peso, la imagen corporal o la apariencia de alguien.

- Solo le prestan atención o se hacen amigos de la gente linda.

- Consideran que el peso y la apariencia de una persona es lo que la hace importante.

- Elogian a las personas solo por su apariencia o rendimiento físico. (Muchos adolescentes con desórdenes alimenticios han comentado que solo recibieron cumplidos después de haber perdido peso. Enséñales a los adolescentes a reconocer cualidades de carácter en acción y elogiar a los demás por ser pacientes, amables, amorosos, sabios o buenos amigos.).

- Son víctimas de las propuestas que lanzan los medios sobre un cierto tipo de cuerpo como el estándar de belleza.

- Consideran la belleza solo como la apariencia física de una persona.

- Se burlan de las elecciones o hábitos alimenticios de otros. (Esto resultará particularmente evidente si alguien delgado tiene hábitos diferentes. Un anoréxico en recuperación puede tener rituales en cuanto a los tipos de alimentos que come y cómo los come. Burlarse de ellos hará que la atención se dirija a su disfunción y puede malinterpretarse como condenación).

- Elogian y aplauden la apariencia de alguien más que su carácter y cualidades internas.

- Dejan de cultivar los valores y estándares de Dios en cuanto a considerar valiosa a una persona por lo que Dios hizo que fuera, y no por su apariencia externa.

3.2B ¿CÓMO DEBERÍA CONFRONTAR A UN ADOLESCENTE QUE CREO QUE TIENE ESTE PROBLEMA?

Si sospechas que un adolescente padece de un trastorno de la alimentación, no debes hacer caso omiso de la situación. Estas son algunas de las acciones a seguir:

1. Si es posible, entabla una conversación con los padres o tutores del adolescente. Recuerda que los padres pueden ser parte del problema. Si desconoces la dinámica familiar o no tienes una relación personal con ellos, entonces no sabes si los padres resultarán una ayuda segura de primera línea o no. Por ejemplo, una adolescente puede estar inmersa en un trastorno alimenticio debido a que un miembro de la familia abusa sexualmente de ella. Ir a los padres con tus observaciones puede hacer que la situación empeore para ella. Si la familia es amorosa y comprensiva, y tienes alguna relación con ella, tu primera acción debe ser conversar. Por cierto, si son tan amorosos y comprensivos como aparentan ser, tal vez ya hayan notado o les preocupe la situación de su hijo. Eso solo podrás descubrirlo mediante tu observación. Dales a conocer los comportamientos, señales y síntomas que has percibido. Luego, será momento de confrontar al adolescente de una manera muy cariñosa y afectiva. Es mejor hacerlo en presencia de los padres, o incluso que solo lo hagan los padres.

2. Habla con el adolescente en privado. No lo confrontes frente a ningún amigo, ni siquiera ante su mejor amigo. Por ejemplo, no le digas: «He notado que no has estado comiendo mucho últimamente», cuando estás con un grupo de adolescentes en un restaurante. Confrontar a un adolescente que sufre de trastornos alimenticios requiere más planificación y delicadeza que simplemente limitarse a encontrar el momento oportuno. Asegúrate de que estén en un lugar cómodo y que tengan mucho tiempo, para que no haya prisa.

3. Evita ser crítico. Expresa una amorosa preocupación por el adolescente. Hazle saber que no piensas mal de él. Por el contrario, dile que como lo valoras tanto estás muy preocupado por él. Los chicos temen perder la estima que sientes por ellos.

4. Pídele al adolescente que hable con uno de sus padres o tutores y sugiérele que busque ayuda profesional. En lo posible, no lo dejes solo al hablar con sus padres. Haz todo lo posible para estar allí en un rol de apoyo. Ayúdalo a ensayar cómo contárselo a sus padres. Si el adolescente cree que no tiene ningún problema, al menos anímalo a permitir que un profesional calificado lo evalúe.

5. No dejes que el adolescente te manipule con una negación,

excusas, o justificaciones en cuanto a sus conductas y patrones de alimentación. Sé directo acerca de tus preocupaciones y observaciones. Verbaliza los síntomas y los comportamientos que has observado.

6. Sé objetivo. Expresa tus observaciones, no tus especulaciones. Expresa tu preocupación acerca de la salud, las actitudes, las conversaciones, los valores y los comportamientos del adolescente, no solo su apariencia. Señala las conductas que has observado (evitar los alimentos, desaparecer en secreto durante y después de las comidas, aislarse de sus relaciones) y los patrones obsesivos de conversaciones en cuanto a la alimentación y a la conciencia corporal. Sé específico en tus ejemplos. Puedes decir: «Teniendo en cuenta esos ejemplos específicos, creo que podrías estar luchando con un trastorno alimenticio».

7. Si el adolescente se molesta o enoja durante la confrontación, da por terminada la conversación y ofrécele reanudarla en otro momento. Dile que tenías algunas dudas que querías despejar. Luego, sigue prestando atención a ese adolescente. Si padece de un desorden alimenticio, se manifestarán más y más síntomas. Eso ameritará otra conversación para abordar la gravedad del problema. Si eso no funciona, entonces sugiérele a uno de los padres o tutores que busque ayuda profesional. Un especialista en salud mental puede orientarlos sobre cómo hacer que un adolescente acepte el tratamiento. .

3.3 Cómo ministrar a las familias que tienen adolescentes con este problema

Un trastorno de alimentación no es solo el problema de un adolescente, es el problema de una familia. Este tipo de trastornos resulta muy prolongado, complicado, agotador, caro y atemorizante porque se trata de una lucha constante a la sombra de una situación que pone en riesgo la vida.

Un desorden alimenticio puede convertirse en el centro en torno al cual gire la existencia de una familia. Horarios, prioridades, valores, comportamientos y relaciones se redefinen a la luz de esta problemática. A menos que haya un apoyo externo, la tensión en la familia puede resultar muy grande. Si no cuenta con ningún soporte, el costo para una familia puede resultar irreparable.

3.3A APOYO PERSONAL A LOS PADRES

Ayuda a los padres a hablar con sus hijos adolescentes. Es probable que tengas que brindar asistencia y apoyo a los padres para entablar conversaciones con sus hijos, como así también ayudar a los adolescentes a hablar con sus padres. Ellos pueden sentir que tu presencia añade una comprensión amorosa y reduce al mínimo la posibilidad de que la reunión se ponga tensa.

Proporciónales recursos a los padres. Si los padres creen que sus hijos adolescentes no tienen un problema, sugiéreles que lean más sobre los desórdenes alimenticios y señala los signos y síntomas que has observado. Sugiéreles que, al menos, lleven al adolescente a una consulta con un profesional calificado para que lo evalúe.

Escucha a los padres. Necesitarán hablar con alguien acerca de las luchas, tristezas, frustraciones y temores por los que están pasando. El ser oídos los animará a tener paciencia durante el proceso. Muchas veces los padres pueden quedar paralizados y caer en la trampa de la culpabilidad y el remordimiento. A menudo eso los distancia de sus hijos adolescentes. A veces es favorable que los progenitores atraviesen por esto con la ayuda de un terapeuta familiar, pero la iglesia también puede colaborar, escuchando, amando y recordándoles el poder reconciliador de Dios para vencer por sobre las acusaciones de Satanás y nuestras capacidades limitadas. La fe común en el trabajo bondadoso y restaurador de Dios se convierte en algo muy poderoso. Tenemos que recordarles a los padres que creemos (aun en este caso) que Dios sana, incluso cuando les resulte difícil de creer.

Conecta a los padres con ayuda profesional. Muchas veces los padres no saben por dónde empezar una vez que detectan que su hijo padece de un trastorno alimenticio. Si has hecho un trabajo preventivo y ya tienes un equipo de profesionales a los que referirlos, proporciónales esa lista a los padres. En el caso de que no dispongas de los recursos en tu zona de residencia, prepara a los padres para que hablen con su médico o se contacten con las organizaciones nacionales que atienden desórdenes alimenticios (tales como las que figuran en la sección de «Recursos» de este libro). Recomiendo encarecidamente que los padres busquen una institución del estilo de Remuda Ranch. Este centro de tratamiento residencial cristiano ayuda a los adolescentes y a sus familias mediante la adopción de un enfoque de tratamiento holístico e interdisciplinario.

Apoya a los otros hermanos. Muchas veces la atención de los padres se centra en el adolescente con trastornos alimenticios. Los hermanos menores, a menudo, se sienten abandonados o carecen de los conocimientos necesarios como para atravesar esa tormenta.la iglesia puede servir de manera solidaria al interesarse por los hermanos más jóvenes, escuchando sus inquietudes, invirtiendo en ellos, y asegurándose de que sus necesidades sean satisfechas y de que su vida permanezca relativamente normal. Por lo general, los padres reciben muy bien cualquier ayuda y apoyo en esta área. A veces, la iglesia es muy útil proporcionando el transporte y el cuidado cuando el tratamiento interfiere con las actividades de los hermanos menores (en otras palabras, llevándolos a sus eventos deportivos, clases de baile, y demás).

Ayuda a la familia con las tareas diarias cotidianas. La gente de la iglesia puede ayudar de vez en cuando proveyendo comida para la familia, colaborando con sus trámites, sus compras o con la limpieza de la casa y el mantenimiento del jardín, por ejemplo.

Considera la posibilidad de contribuir para cubrir el costo del tratamiento. El tratamiento es caro, especialmente si se requiere de un tratamiento con internación. La Asociación Nacional de Desórdenes Alimenticios (NEDA, por sus siglas en inglés) estima que el tratamiento global e integrado puede costar, en Estados Unidos, más de treinta mil dólares por mes.[34]

La mayoría de los seguros de salud no cubren la totalidad del enfoque interdisciplinario que se necesita para obtener resultados eficaces. Así que una manera en que la comunidad de la iglesia puede ayudar, es ofreciendo asistencia financiera ocasional a una familia. Además, si un miembro de la familia debe dejar su empleo temporal para cuidar a tiempo completo a un hijo que padece de un trastorno alimenticio, debería buscar información en las leyes laborales de su país que protegen los derechos de los empleados que tienen un miembro de la familia con problemas médicos que requieren su atención.

3.3B ¿QUÉ HACER SI UNO DE LOS PADRES NIEGA ESTA REALIDAD?

Piensa en esta situación hipotética: Descubres que un adolescente de tu grupo de jóvenes está luchando con un desorden alimenticio. Después de confrontar amorosamente al chico, él admite que estos patrones y conductas alimenticias están presentes desde hace un año. Tú convences al jovencito de que debe contárselo a sus padres y buscar ayuda inmediata. Él está de acuerdo, pero una semana después de discutir el asunto, aún no ha hablado con sus padres ni se ha puesto en acción.

Cuando lo interrogas acerca de ello, no recibes respuesta directa. Tú le preguntas si puedes hablar con sus padres y de mala gana te dice que sí. Al encontrarse, ellos escuchan respetuosamente tu preocupación, pero inmediatamente ponen excusas sobre el adolescente y desestiman el hecho como si fuera un comportamiento normal. ¿Qué harías? ¿Qué podrías hacer? Aquí hay algunos consejos para ayudar a los padres que están en la fase de negación:

1. Para abordar una situación de tal magnitud, siempre ve a hablar con los padres acompañado por el adolescente. La respuesta de ellos es más amable y atenta cuando hay un defensor presente. Eso también te dará una percepción de los sentimientos de la familia sobre el tema.

2. Provee información a los padres para que comprendan la gravedad de este trastorno. Ellos tienen que conocer cuáles son las señales, síntomas y comportamientos de un adolescente con un trastorno alimenticio.

3. Muchos padres (especialmente el papá) minimizarán el problema o creerán que lo pueden corregir rápidamente mediante el control de la ingesta de alimentos del adolescente. Destaca la

gravedad de este problema y el hecho de que los chicos no se recuperan sin un diagnóstico profesional y el apoyo correcto.

4. Recomienda que el adolescente sea evaluado por un profesional de la salud calificado. Puedes recordarles que sería un descuido muy peligroso pasar este procedimiento por alto, si existiese un problema. Los padres no perderán nada con consultar la opinión de un especialista, pero si no lo hacen y el chico padece ese trastorno, lo que podrían perder es a su hijo.

5. Si los padres están en la fase de negación, entonces tal vez tengas que tomar acciones más directas. Lleva a alguien contigo (un pastor de la iglesia u otra persona que respetes) y amorosamente enfréntalos con el hecho de que tienes una confesión de su adolescente, así como observaciones personales de una cantidad de síntomas y conductas que ameritan una evaluación profesional. Nota: Esto solo debe hacerse si tienes el tipo de relación con los padres que te permita el privilegio de estar en su vida de manera tan íntima.

6. No entres en una batalla con los padres, ni creas que necesitas convencerlos de hacer algo. Haz sugerencias y luego monitorea al adolescente cada vez que estés en contacto con él. Sé consciente de que la confrontación puede abrir una brecha entre tú y los padres, y hacer que su hijo ya no regrese al grupo de jóvenes.

7. Sé consciente de que el problema podría empeorar en vez de mejorar. Si el adolescente carece de la nutrición necesaria, empezará con leves síntomas físicos (como desmayos y mareos) que podrían requerir cuidado médico.

8. En casos extremos en los que los padres no estén dispuestos a proporcionar ayuda o sean abusivos, el adolescente puede buscar colaboración sin permiso de los padres. Un profesional médico o de salud mental, puede realizar un diagnóstico sin autorización de los padres, basándose en la integridad del adolescente.

9. En los casos en que los padres se nieguen a pedir ayuda y el adolescente se resista a buscar tratamiento, puedes notificarlo al Servicio de Protección al Menor para que aborde el incidente como un caso de negligencia. Lo más probable es que un médico de cabecera también esté en condiciones de hacerlo, en caso de

que un adolescente haya sido llevado por una emergencia y los padres se nieguen a ofrecerle tratamiento. Pero no supongas que alguien más lo hará. Si tienes dudas llama al Servicio de Protección al Menor, presenta la situación y busca consejo.

3.3C CONSEJOS PARA LOS PADRES A LA HORA DE ABORDAR A SUS ADOLESCENTES

La adolescencia presenta muchos desafíos. Los chicos intentan distanciarse de sus padres y ser más independientes. Un desorden alimenticio solo forma parte de estas luchas y retos. A menudo, ellos se ponen rebeldes y desafiantes cuando los padres descubren el trastorno alimenticio e intervienen en el proceso de tratamiento. Y por lo general, los padres están desesperados por obtener cualquier ayuda que puedan conseguir. Aquí hay algunos consejos para cooperar con los padres en la manera de abordar a los adolescentes afectados:

Evite vivir indirectamente a través de su hijo. Muchos padres desean tanto que sus adolescentes sean aceptados por los demás por ser bellos, inteligentes o populares, que dejan de elogiar y cultivar las características interiores de sus hijos. Esos padres viven indirectamente a través de sus hijos al hacer comentarios sobre su apariencia y peso. Si un chico realmente necesita perder peso, enfoque las conversaciones sobre el tema basándose en la salud, no en la apariencia. Y asegúrese de que la dieta del adolescente sea supervisada por un adulto, preferiblemente un preparador físico, un nutricionista o un médico.

No se burle, critique ni bromee sobre el peso de un adolescente. Tampoco permita que sus hermanos ataquen su apariencia.

Supervise las actividades de su adolescente en Internet. Tenga en cuenta que hay sitios de Internet pro-anorexia y pro-bulimia que promueven los trastornos alimenticios como un estilo de vida alternativo, aceptable y admirable. Muchos de los sitios conocidos con los nombres de «Pro-Ana» o «Pro-Mia» han sido prohibidos en los sitios de búsqueda más importantes, aunque aumenta su popularidad y se han vuelto difíciles de detectar. Sin embargo, los adolescentes que quieren encontrarlos, lo harán. Esos sitios fueron desarrollados por personas que luchan con desórdenes alimenticios y cuestiones del cuerpo y que han llegado a la conclusión de que la recuperación solo se trata de una conspiración para que se vuelvan gordos y feos. Son similares a los que están a favor del cigarrillo, saben que es un comportamiento peligroso, pero aún así protestan por la violación de su derecho a vivir de la manera que desean.

Anime continuamente a su adolescente. Haga una lista de las diez virtudes principales que le gustan y aprecia en su hijo y publíquelas en algún lugar visible. Recuérdele a su muchacho que la verdadera calidad de una persona se encuentra en esas características, no en su exterior.

Examine sus propios valores y actitudes hacia la comida. ¿Come para sentirse mejor? ¿Clasifica los alimentos como buenos o malos? ¿Permite constantemente que su alimentación se salga de control, para luego hacer dieta?

Hable acerca de las opciones de vestimenta. Enséñeles a sus hijos a usar ropa con la que se sientan cómodos y no del tamaño que desearían tener. Dé el ejemplo.

Anime a los adolescentes a enfocarse en los demás. La obsesión por el peso y la apariencia está centrada en uno mismo. Ayude a los chicos a canalizar la energía y el tiempo que suelen pasar preocupándose por su aspecto, en dar tutoría a niños, prestar ayuda a los ancianos, realizar servicio social para la comunidad o en programas después de la escuela. Trabaje junto a los jóvenes para mostrarles que dar es más importante que enfocarse en uno mismo. Tender la mano a los demás hace que los adolescentes pongan en práctica el mandamiento que Cristo nos dejó: Amar al prójimo. Eso posee un ingrediente de satisfacción que a menudo modifica la visión que tiene un adolescente.

Monitoree las rutinas de entrenamiento físico de los chicos que practican deportes. Los puestos de trabajo de muchos entrenadores se ven amenazados por la victoria o derrota de su equipo. Ese temor encubierto puede llevar a que el bienestar de los atletas adolescentes sea un valor negociable para el entrenador. Un preparador físico puede exigirles cada vez más a los estudiantes, o desafiarlos a bajar de peso para que compitan en una categoría diferente o para que mejoren su rendimiento. El entrenamiento puede asumir un estilo negativo, orientado a los resultados, en lugar de positivo y centrado en el atleta. Los padres deben ser conscientes y estar dispuestos a enfrentar al departamento de deportes, la administración de la escuela, e incluso al directorio escolar si creen que los atletas están en peligro.

Lamentablemente, muchos padres no quieren interferir por temor a que el entrenador no le dé a sus hijos las oportunidades o cantidad de juegos que merecen. También temen que sus hijos adolescentes enfrenten humillaciones o el ridículo como resultado de su participación, por lo que permanecen al margen de la situación hasta que es demasiado tarde. Los padres en cuestión deberían formar un comité de apoyo que ayude al equipo y al entrenador de un modo positivo (muchos padres ya lo hacen), pero también deberían ponerse de acuerdo para controlar los regímenes de entrenamiento e instrucción, para que los departamentos atléticos de las escuelas sean responsables de rendir cuentas. Si usted es consciente de que su hijo está luchando con uno de los trastornos descritos en este libro, tenga en cuenta los siguientes consejos:

Busque ayuda profesional. Comience por consultar a su médico y, posteriormente, busque un profesional en salud mental que esté capacitado o se especialice en trastornos alimenticios. Este problema complejo requiere de un equipo de profesionales. Por lo general, este equipo puede estar conformado ya en una clínica especialista en problemas alimenticios y de imagen corporal, o bajo la dirección de un profesional calificado en salud médica o mental. Debería dar este paso aunque su hijo se niegue a buscar ayuda, en cuyo caso, un especialista en salud mental calificado podría cooperar para planificar un tratamiento.

Sea cariñoso y comprensivo. Asegúrele a su hijo que usted siempre lo amará, y que su amor nunca cambiará ni se verá influenciado por esta o cualquier lucha que él deba enfrentar. Cuéntele que su deseo es comprenderlo y luego demuéstrele que eso es verdad, al informarse sobre el problema que está enfrentando su hijo y las implicancias que tiene. Pídale al propio chico que lo ayude a entender esta situación especifica, y déle la autoridad de confrontarlo a usted mismo cada vez que él sienta que no lo entiende. Eso lo ayudará a darse cuenta cada vez que su hijo se sienta amenazado o juzgado, a pesar de que esa no sea su intención. También le proporciona al adolescente un sentido apropiado de control. Trate de ver las cosas desde la perspectiva del chico. Los adolescentes que padecen de desórdenes alimenticios, por lo general no toman sus decisiones basándose en hechos o razonamientos lógicos, sino que dependen de sus emociones. Por lo tanto, aunque usted le explique y trate de demostrarle a su hijo que no está gordo, todavía pensará que sí lo está, porque así se siente. Eso no significa que usted no deba usar la lógica ni la razón, sino que tiene que ser amoroso, comprensivo y paciente.

Sea paciente. Tenga en mente que el tratamiento puede llevar mucho tiempo y que se trata de un proceso lento. Una manera de demostrar su paciencia es ayudar a que su adolescente se sienta seguro en su relación con usted. Asegúrele que usted estará allí todo el tiempo que resulte necesario y que su amor por él no se verá afectado por esta situación.

Manténgase alerta con respecto a otros comportamientos destructivos que su adolescente desarrolle. Algunas veces los chicos recurren a beber alcohol en exceso, a usar drogas o a autolesionarse como alternativas para eliminar su dolor emocional.

Luche contra el trastorno alimenticio, no contra su hijo. Recuerde que este es un asunto sobre tener el control y que los adolescentes tenderán a rebelarse contra el tratamiento o contra su intromisión en sus vidas. Algunos terapeutas sugieren que los padres consideren la enfermedad como un intruso maligno que está tratando de destruir a sus hijos. Aprenda a reconocer cuándo el trastorno está influyendo en el comportamiento de su hijo. Al identificar el desorden alimenticio, los adolescentes también pueden comenzar a verlo y luchar contra él de manera más tangible.

Evite simplificar demasiado la cuestión. Tenga en mente que al decirle al adolescente afectado «solo come» o «deja de vomitar», le está pidiendo que haga algo que está más allá de su capacidad. A menudo, esas respuestas son el resultado de la falta de comprensión, del temor, de la frustración o de la ira de los padres. Cuando se enoje, recuérdele a su hijo que no está enojado con él sino con la situación.

Evite ser crítico. Como se mencionó anteriormente, es posible que usted esté enojado por la situación e incluso se lo diga a su hijo. Pero el adolescente aún puede creer que lo está criticando a él. Asegúrese de hablar de esto y afirmar que usted sabe que se trata de una situación horrible contra la que hay que luchar. Tenga en mente que su hijo ya está experimentando auto condenación y odio por esa cuestión, y puede sentirse un fracasado y alguien sin valor alguno. Asegúrele que él es más valioso para usted que cualquier otra cosa en su vida.

Escuche. La mejor manera de mostrar amor es escuchar. Esté disponible para dejarlo hablar, pero no se sienta amenazado si su hijo prefiere hablar con otra persona. Recuerde que el proceso normal de la adolescencia implica que el chico se convierta en un adulto autónomo. Los padres representan la falta de autonomía, por lo que la típica reacción del adolescente es dejar de lado la ayuda y los consejos de los padres. Mantenga las puertas abiertas, escuchando a su hijo cada vez que él quiera hablar con usted y cobre ánimo si su adolescente consulta a otra persona que está en condiciones de ayudarlo y apoyarlo.

Declare su amor por su hijo. Los adolescentes con desórdenes alimenticios necesitan ser reafirmados. No suponga que su hijo sabe que usted lo ama, ¡decláreselo!

3.4 Crear conciencia en la iglesia y en la comunidad

Los líderes juveniles han hecho un muy buen trabajo al crear conciencia sobre la injusticia y las preocupaciones sociales en todo el mundo. Muchos han defendido cuestiones como el hambre y la pobreza, el tráfico sexual, el analfabetismo, la escasez de agua, las enfermedades transmitidas por mosquitos, y el SIDA. Pero hay muchos otros temas, tales como los desórdenes alimenticios, que afectan a innumerables adolescentes en los Estados Unidos y alrededor del mundo. Los ministerios juveniles pueden ayudar a despertar conciencia y proporcionar apoyo sobre estos temas. Más importante aún, tienen que desempeñar un papel activo en la erradicación de estas enfermedades mortales que afectan la vida de la población adolescente global. Aquí hay algunas maneras en las que usted puede despertar conciencia en la iglesia y en la comunidad:

- Semana Nacional de Concientización de los Desórdenes Alimenticios. Esta fecha por lo general se señala en la última semana de febrero. Es un momento en el que se pueden organizar eventos en la comunidad o darle preponderancia a este tema en la iglesia.

- Educar a la gente con respecto a la prevalencia, los peligros y las señales de advertencia de los trastornos de la alimentación. Sería bueno comenzar por requerir que todos los colaboradores del ministerio de jóvenes recibieran adiestramiento para reconocer las señales de advertencia y los peligros de los desórdenes alimenticios.

- Promover o patrocinar oradores que vayan a las escuelas secundarias locales y aborden esta cuestión en clases y asambleas. A su vez, llevar a cabo reuniones de padres abiertas a la comunidad para crear conciencia en los padres sobre las medidas preventivas y correctivas que pueden tomar para asegurarse de que sus adolescentes no sean víctimas de estos trastornos.

- Desarrollar una serie acerca de «problemas» o «temas candentes» en una clase para padres y adolescentes. Generar un debate sobre por qué la iglesia tiene que mostrarse más activa con respecto a este tema. Proyectar un documental sobre los trastornos alimenticios, y luego responder preguntas por grupos.

- Abrir la iglesia para recibir a grupos de apoyo para padres.

- Hacer que el grupo de jóvenes participe en esfuerzos para recaudar fondos para la investigación sobre desórdenes alimenticios. Otra opción es comenzar en la iglesia una fundación para ayudar a las familias con el enorme costo de estos tratamientos. Muchas familias no pueden recibir tratamiento para sus hijos adolescentes porque el costo resulta inaccesible (en Estados Unidos puede llegar a salir unos trescientos sesenta mil dólares por año). A menudo, las familias caen en una ruina económica; o si proceden de situaciones de bajos ingresos, ven morir a sus adolescentes sin poder hacer nada. Sería importante informarse acerca de los costos en América Latina, que suelen ser considerablemente más bajos y accesibles.

- Incluir un párrafo breve en el boletín de la iglesia o en sus comunicaciones por Internet que explique la prevalencia de los trastornos alimenticios en los adolescentes y la destrucción que causan.

RECURSOS PARA AYUDAR A LOS ADOLESCENTES QUE LUCHAN CONTRA TRASTORNOS ALIMENTICIOS

4.1 Recursos

4.1A RECURSOS EN INTERNET

- Dove inició su Campaña por la Belleza Real en el 2004, y sus comerciales de televisión ahora reflejan la belleza natural de las niñas y mujeres. En su sitio web se ofrecen libros, video clips poderosos, entrevistas y ejercicios para fortalecer la autoestima. Las iglesias deben apoyar a organizaciones como ésta, que se atreven a promover una contracultura y a abordar las cuestiones que afectan a muchas adolescentes. http://www.dove.us/#/cfrb/

- Echa un vistazo a este impresionante vídeo titulado "Evolución", difundido por la Campaña por la Belleza Real de Dove. Demuestra que incluso las supermodelos utilizan el fotoshop para mejorar su apariencia, haciendo que la icónica percepción de la belleza sea más artificial y menos alcanzable que nunca. http://www.youtube.com/watch?v=iYhCn0jf46U

- La Asociación Nacional de Trastornos Alimenticios (NEDA, por sus siglas en inglés) proporciona gratuitamente kits de herramientas para padres, que pueden descargarse por Internet, y les ayudan a entender los trastornos alimenticios y su tratamiento, y ofrecen orientación acerca de cómo lograr autorizaciones del seguro médico, y mucho más. Lo encontrarás en: http://www.nationaleatingdisorders.org/parent-toolkit

- Edreferral.com (Centro de información y derivación de pacientes con desórdenes alimenticios) es la mayor base de datos de profesionales y programas de tratamiento sobre trastornos alimenticios en todo el mundo. Encuéntralos en www.edreferral.com

4.1B ORGANIZACIONES NACIONALES E INTERNACIONALES

- La Fundación Renfrew Center: Con sede en Filadelfia, Pensilvania, no es una institución con bases cristianas, pero ofrece investigación y tratamientos muy eficaces para las niñas que sufren de trastornos de la alimentación. Su declaración de misión dice:

«La Fundación Renfrew Center es una organización exenta de impuestos y sin fines de lucro que promueve la educación, la prevención, la investigación y el tratamiento de los trastornos alimenticios. Cumplimos nuestra misión de la siguiente manera:

- Proporcionamos formación profesional y oportunidades de educación para médicos y especialistas en salud mental.

- Creamos conciencia en el público en general, a través de la producción de seminarios educativos, publicaciones y participación en actividades relacionadas con los medios de comunicación.

- Llevamos a cabo investigaciones sobre los patrones patológicos y de recuperación de las personas con trastornos de la alimentación.

- Educamos a los legisladores para que eliminen los obstáculos para el tratamiento.

- Proporcionamos asistencia a mujeres y niñas (http://www. renfrewcenter.com). También ofrecen una guía de referencia de recursos que se puede imprimir en http://renfrewcenter.com/resources/educational-materials».

- Asociación Nacional de Trastornos Alimenticios (NEDA): NEDA es la organización sin fines de lucro más grande de América del Norte. Su declaración de misión dice: «NEDA apoya a los individuos y familias afectadas por trastornos de la alimentación, y sirve como un catalizador para la prevención, la cura y el acceso a una atención de calidad». NEDA también tiene una línea de ayuda, información y referencia 1-800-931-2237 (http://www. nationaleatingdisorders.org).

- El Rancho Remuda: Esta institución cristiana de tratamiento (con oficinas en Arizona y Virginia) se encuentra entre una de las mejores de los Estados Unidos. Se las recomiendo mucho. Tuve la oportunidad de trabajar en el Rancho Remuda cuando era pastor de jóvenes en Arizona, y desde ese entonces he derivado allí a los adolescentes y a sus familias. Su declaración dice: «El Rancho Remuda ofrece programas cristianos de hospitalización y residencia para personas de todas las creencias que sufren de trastornos alimenticios o de ansiedad. Cada paciente es tratado por un equipo multidisciplinario que incluye un psiquiatra y un médico de cabecera, un nutricionista licenciado, un terapeuta con maestría, un psicólogo y una enfermera registrada. El personal profesional equipa a cada paciente con las herramientas adecuadas para vivir una vida productiva y saludable». Para más información, llame al 1-855-429-2526 o visite www. remudaranch.com

- ReddStone es el programa del Rancho Remuda para varones menores de 18 años que luchan con trastornos alimenticios o de ansiedad. Vale la pena mencionarlo dentro de lo que ofrece Remuda, ya que existen pocos programas diseñados solo para hombres.

- Canopy Cove. Esta es otra institución cristiana de tratamiento que ofrece tratamiento integral para adolescentes de ambos sexos y adultos con trastornos de la alimentación. Comuníquese con ellos al 800-236-7524 y visite su sitio web en http://www. canopycove.com

4.1C RECURSOS ESCRITOS Y MEDIOS DE COMUNICACIÓN

- *Behind the Broken Image* [Detrás de la imagen rota] de Debra Cooper es una novela que relata la vida de tres niñas que se encuentran atrapadas en trastornos alimenticios. El libro da una visión y esperanza a aquellos que luchan con disfunciones de la alimentación y para los que están cerca de un adolescente afectado. Este libro es un recurso del Rancho Remuda y está escrito desde una perspectiva cristiana.

- *Trastornos de la alimentación: Manual de Tratamiento cristiano* por Edward J. Cumella, Marian C. Elerby y A. David Wall. Otro recurso del Rancho Remuda, cuya descripción de producto dice: «Este libro es una de las pocas guías integrales para trastornos alimenticios, que incluye la evaluación y la intervención apropiadas, a través de un espectro biológico-psicológico-espiritual. Escrito por una amplia gama de profesionales de la salud y del cuidado pastoral, educadores y estudiantes, ofrece los más avanzados conocimientos científicamente válidos sobre la anorexia y la bulimia nerviosa, integrados con el cristianismo bíblico. Puede ser la piedra angular de cualquier biblioteca sobre desórdenes alimenticios».

- *Hunger for Freedom: My Spiritual Journey of Recovery* [Hambre de libertad: Mi camino espiritual de recuperación] de Katie Gesto. Este libro habla de la travesía personal de la autora a través de un trastorno alimenticio. Lo mejor de este recurso es que proporciona preguntas de estudio, ejemplos de oraciones de recuperación y aliento mediante las Escrituras en cada capítulo.

- *Thin Enough: My Spiritual Journey Through the Living Death of an Eating Disorder* [Demasiado Delgada: Mi viaje espiritual a través de la muerte en vida de un desorden alimenticio] por Cruse Sheryle. Este libro ha sido escrito para las adolescentes. Lleva al lector a través de un camino en el que se aprende a poner la fe y la confianza en Dios, a entender plenamente lo que es ser una hija de Dios y a convertirse en una de ellas.

- *Diary of an Anorexic Girl* [Diario de una chica anoréxica] de Morgan Menzie. Esta historia ayudará a entender la lucha interna de una muchacha adolescente que padece de un desorden alimenticio. Es muy bueno que lo lean los líderes juveniles y también sería una herramienta óptima para un adolescente afectado.

- *El Complejo de Adonis: La crisis secreta de la obsesión del cuerpo masculino* por Harrison G. Pope Jr., Katharine A. Phillips, y Roberto Olivardia. Este libro analiza las presiones que sufren los chicos adolescentes cuando luchan por tener un cuerpo perfecto. Saca a la luz las prácticas que parecen relativamente inofensivas, pero que conforman la identidad masculina de un hombre joven.

- *Perfect Illusions: Eating Disorders and the Family* [Ilusiones perfectas: Trastornos de la alimentación y la familia] es un documental de PBS (televisión educativa) conducido por Lauren Hutton. En él se sigue la vida de tres mujeres y sus luchas con los trastornos alimenticios. También revela el rol que cumplen y las batallas que enfrentan sus familias durante este tiempo terrible. El documental lleva al espectador a través de la evolución, el tratamiento y la recuperación de una persona con un trastorno alimenticio. Para obtener más información, visite el sitio Web http://www.pbs.org/perfectillusions, que también proporciona apoyo e información adicional sobre trastornos de la alimentación.

- *Killing Us Softly, Still killing Us Softly, and killing Us Softly 3* [Matarnos suavemente, Aún matándonos suavemente, y Matándonos suavemente 3) son tres fuertes documentales premiados de Jean Kilbourne que examinan los efectos de los medios de comunicación y los mensajes que envían a las jóvenes acerca de su apariencia y su identidad. La Fundación Educativa de los Medios de Comunicación proporciona una guía de estudio y folletos que acompañan a estas impactantes películas. Puedes encontrar estos vídeos en http://www.jeankilbourne.com/videos/.

- *Dying to be Thin* [Morir por ser delgada] es un documental producido por NOVA, que nos adentra en la investigación, las causas, los síntomas e incluso la historia de los trastornos alimenticios. Este documental es un recurso excepcional porque se puede ver completo online en http://www.pbs.org/wgbh/nova/thin/program.html También cuenta con un sitio Web integral que proporciona una guía de enseñanza libre para acompañar el video, investigaciones actuales, historias de aquellos que han luchado con trastornos alimenticios, percepciones de chicos que padecen de desórdenes de este tipo y otros recursos útiles. Puedes encontrarlo en http://www.pbs.org/wgbh/nova/thin

- *Orthorexia: Obsessing Over Health Food* [Ortorexia: La obsesión por la comida saludable] es un reportaje realizado por John Stossel de ABC 20/20. La serie ofrece una visión con respecto a esta obsesión mortal. Sin embargo, el enfoque de Stossel, aunque directo, no debe seguirse al hablar con un adolescente que está luchando contra esto. Vea el video en: http://abcnews.go.com/Health/Stossel/story?id=5735592&page=1

Notas

1. Jeffrey Zaslow, «Girls and Dieting, Then and Now», *Wall Street Journal*, 2 de septiembre de 2009, http://online.wsj.com/article/SB10001424052970204731804574386822245731710.html

2. Clínica de Trastornos Alimenticios, «Eating Disorder Statistics», *Eating Disorder Clinic*, http://www.eatingdisorderclinic.org/eating-disorders-statistics.html. Este sitio ya no esta vigente en Internet.

3. Departamento de Salud de Carolina del Sur, «Eating Disorder Statistics», *South Carolina Department of Health*, http://www.state.sc.us/dmh/anorexia/statistics.htm

4. Asociación Nacional de Desórdenes Alimenticios, «Statistics: Eating Disorders and Their Precursors», *National Eating Disorders Association*.

5. Departamento de Salud de Carolina del Sur, «Eating Disorder Statistics», *South Carolina Department of Health*, http://www.state.sc.us/dmh/anorexia/statistics.htm

6. P.F. Sullivan, «Mortality in Anorexia Nervosa», *American Journal of Psychiatry* 152, no. 7 (1995): pp. 1073–1074 del original en inglés.

7. Asociación Nacional de Desórdenes Alimenticios, «Facts for Activists (or anyone!)», *National Eating Disorders Association*.

8. Fundación CDC, «Obesity: A Growing Epidemic», *Centros para la prevención y control de las enfermedades*.

«Childhood Overweight and Obesity», *Centros para la prevención y control de las enfermedades*, http://www.cdc.gov/obesity/childhood/index.html.

9. Clínica de Trastornos Alimenticios, «Eating Disorder Statistics.».

10. Patrick Lyn, «Eating Disorders: A Review of the Literature with Emphasis on Medical Complications and Clinical Nutrition», *Alternative Medicine Review* (junio 2002): pp. 187–207 del original en inglés.

11. M. Strober and C. Bulik, «Genetic Epidemiology of Eating Disorders», en la segunda edición de *Eating Disorders and Obesity*, Christopher G. Fairburn and Kelly D. Brownell eds. (New York: The Guilford Press, 2002): pp. 238–243 del original en inglés.

12. Courtney E. Sanders, «The Physiology and Psychology of Bulimia», *Informe para Psicología 115* de la *Universidad de Vanderbilt*, 5 de diciembre de 1996, http://www.vanderbilt.edu/AnS/psychology/health_psychology/bulimia.htm.

13. Merry N. Miller, M.D. and A. Pumariega, M.D, «Eating Disorders: Culture and

Eating Disorders», *Healthy Place: America's Mental Health Channel* (12 de diciembre de 2008), http://www.healthyplace.com/eating-disorders/main/eating-disorders-culture-and-eating-disorders/menu-id-58/.

14. Amelia J. Lake, Petra K. Staiger, and Huguette Glowinski. «Effects of Western Culture on Eating Attitudes and Body Image—Brief Article—Statistical Data Included», *Nutrition Research Newsletter* (enero-abril del 2000). «Health Care Industry», página en BNET, FindArticles.com. (5 de enero del 2010.

15. Discover Magazine, «Getting the Skinny on TV», *Discover* 20, no. 12 (diciembre 1999): pp. h34–35, http://discovermagazine.com/1999/dec/newsofsciencemed1735.

16. Ginny Olson, *Teenage Girls: Exploring Issues Adolescent Girls Face and Strategies to Help Them,* (Grand Rapids, MI: Zondervan/Youth Specialties, 2006), 55.

17. Catherine M. Shisslak, Marjorie Crago, and Linda S. Estes, «The Spectrum of Eating Disturbances», *International Journal of Eating Disorders 18,* no. 3 (1995): pp. 209–219 del original en inglés.

18. La coalición triple de atletas femeninas, declaración de su misión, *Female Athlete Triad Coalition,* http://www.femaleathletetriad.org/.

19. *Diagnostic and Statistical Manual of Mental Disorders,* Revisión del texto. (Washington, DC: American Psychiatric Association, 2000).

20. Dianne Neumark-Sztainer, «*I'm, Like, SO Fat!»: Helping Your Teen Make*

Healthy Choices about Eating and Exercise in a Weight-Obsessed World (New York: The Guilford Press, 2005), 5.

21. *Diagnostic and Statistical Manual of Mental Disorders,* 4th ed. Revisión del texto. (Washington, DC: Asociación Norteamericana de Psiquiatría, 2000).

22. Ibídem.

23. A&E, «Sonia & Julia», Serie televisiva *Intervention,* episodio 91, temporada 7.

24. Rancho Remuda, «Families Play a Role in the Development of Eating Disorders», Remuda Ranch (18 de marzo de 2008).

25. Rudolph M. Bell, *Holy Anorexia*, (Chicago: University of Chicago Press, 1985).

26. Ibídem.

27. Ibídem.

28. Mario Reda, «Anorexia and the Holiness of Saint Catherine of Siena», Graeme Newman trans, *Journal of Criminal Justice and Popular Culture 8, no. 1* (2001): pp. 37–47, http://www.albany.edu/scj/jcjpc/vol8is1/reda.html.

29. Rancho Remuda, «An Eating Disorder Reference for College Leaders», folleto del Rancho Remuda, página 7.

30. AA Serenity, *Recovery Prayers*, http://www.aaserenity.com/recoveryprayers. html.

31. Asociación Nacional de Desórdenes Alimenticios, «The Media, Body Image, and Eating Disorders», National Eating Disorders Association.

32. Linda Smolak, Asociación Nacional de Desórdenes Alimenticios,/*Next Door Neighbors Puppet Guide Book*, (Seattle, WA: NEDA, 1996).

33. Instituto Nacional sobre Medios de Comunicación y la Familia, «Media's Effect on...» Estadísticas sobre, *National Institute on Media and the Family*, http://www. mediafamily.org/facts/facts_mediaeffect.shtml.

34. Asociación Nacional de Desórdenes Alimenticios, The National Eating Disorders Association Parent Toolkit, (Seattle, WA: NEDA, 2008).

Nos agradaría recibir noticias suyas.
Por favor, envíe sus comentarios sobre este libro a
la dirección que aparece a continuación.
Muchas gracias.

Editorial Vida®
.com

vida@zondervan.com
www.editorialvida.com

www.ingramcontent.com/pod-product-compliance
Lightning Source LLC
Chambersburg PA
CBHW011800040426
42447CB00016B/3457

* 9 780829 764826 *